暮らしの絵本

ウエディングのマナーとコツ

樋口眞理◎監修
伊藤美樹◎絵

Gakken

はじめに

結婚式に立ち会うたびに、いつも思うのです。

結婚式って、どうしてこんなに感動するのでしょう。

結婚するお二人は、あふれる程のモノや情報の中から、
会場を選び、お料理を選び、身支度を整え、お花を飾り……、
と準備を進めることになります。
でも、忘れないでください。

ゲストの方が心動かされるのは、

「準備にこめられた、お二人の思いを感じたとき」

「お二人が未来を約束する、その勇気に触れたとき」

「言葉では尽くせない、ご家族の深い深い愛情に共感したとき」

だということを。

結婚を決めたお二人には、さまざまな不安があるかもしれません。
でも大丈夫！
結婚という、大切な節目に関する心配ごとは、本書が解決します。

マナーを知ることは、決まりごとに縛られることではありません。
大切な時間を共有してくださる方たちへの感謝の思いを、
言葉だけでなく、立ち居振る舞いや、心配りを通して伝えることなのです。

あとは結婚式の当日……。
ゲストに楽しんでいただきたければ、まずお二人が楽しむこと。
ゲストに感動していただきたければ、まずお二人が感動すること。
そして、ゲストからの祝福を、とびきりの笑顔で受けとめてください。

結婚式というお祝いの一日が、お二人の、ご家族の、
そしてゲストの皆さまの心を満たす、
素晴らしいひとときでありますように……。

オリーブの丘代表◎樋口眞理

もくじ

第4章 結婚式、披露宴が終わったら

◎イラスト：伊藤美樹◎デザイン：寺井恵司
◎編集・構成：横溝千乃、植木あき子◎編集協力：田中宏樹（学研）、高木直子、江川信恵

結婚前に話しておきたい、5つのこと

イメージする家庭像を話し合う

どちらの姓にするか、子どもの数などを含めた家族計画、共働きかどうか、自宅を構える場所、賃貸かマンションか戸建てかどうかなど、大きなことを軸にしながら、将来の設計をします。数年後の具体的な計画はもちろん、数十年後の幸せなイメージも共有できるように。

子どもはほしいけど、できるだけ私も仕事は続けたいから、家事と育児は協力してね
うん。住む場所はキミの会社に近いところにしようか？
転勤があるかもしれないから、子どもが大きくなるまでは賃貸にしない？

家事の分担を決める

共働きの場合は、家事はふたりで行うものと考えて。ただし仕事のスケジュールなどで取り決め通りに行かないことも多いので、ゆるやかなルールにしておくのがコツ。

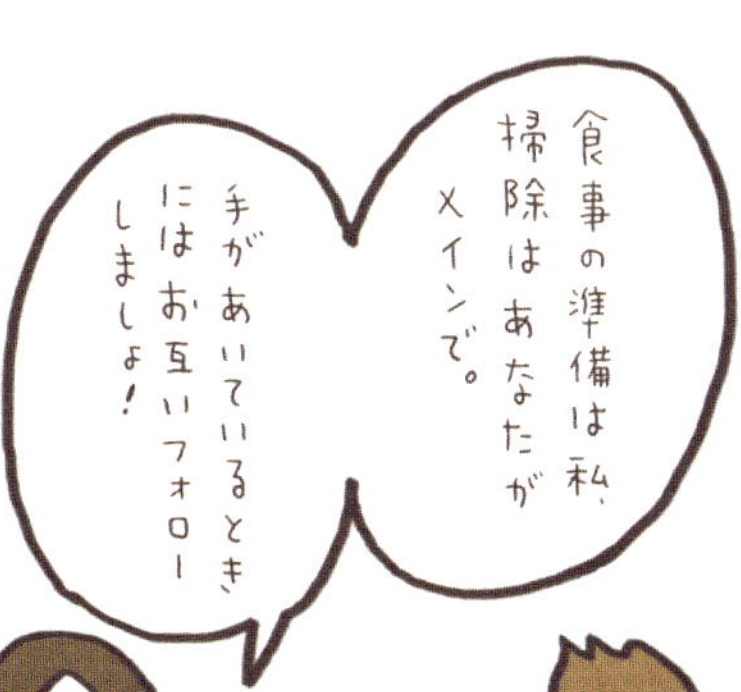
食事の準備は私、
掃除はあなたがメインで。
手があいているときにはお互いフォローしましょ！

お金についての考えを共有する

まずは身近なところから。さらに、家の購入や子どもの進学など、長期的な出来事についても、どの時期にどの程度の資金が必要か、方針を話し合います。

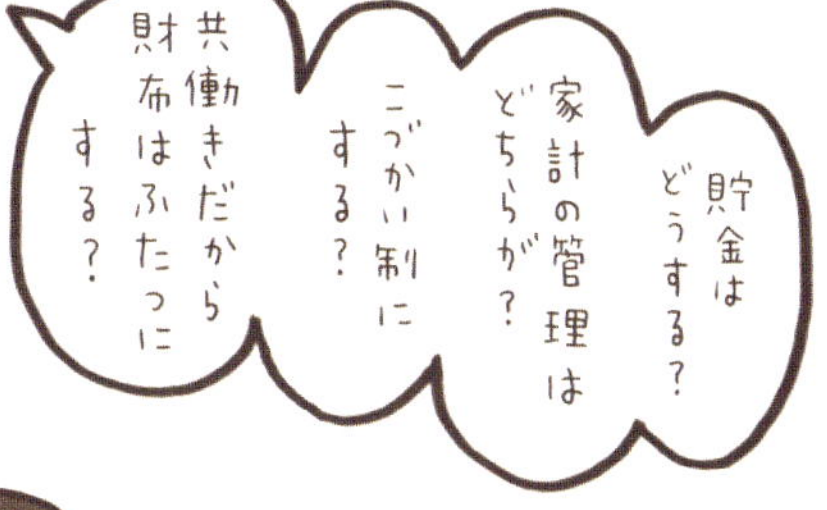
貯金はどうする？
家計の管理はどちらが？
こづかい制にする？
共働きだから財布はふたつにする？

絶対に譲れないことを伝える

他人同士が新しい生活を作るので、ストレスを感じて当たり前。トラブルを最小限にするためにも、譲れないポイントだけは伝えておきます。

女の人とふたりきりで食事はやめてね
どんなに少ない額でも借金はNGだよ

実家とのつきあい方を確認する

お互いの実家との行き来の頻度などの小さなことから、同居・介護などの大きな問題まで、ある程度予測がつく問題は、結婚前にふたりきりで互いが納得するスタンスを出しておいた方が無難。

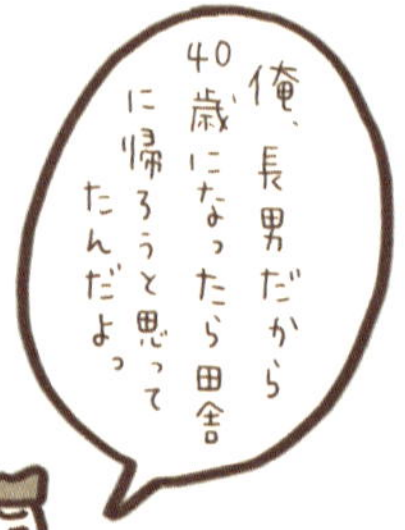
俺、長男だから40歳になったら田舎に帰ろうと思ってたんだよっ

そんなの聞いてたら結婚しなかったわよ！子どもの学校はどうするのよ！
夏には私の実家の北海道に帰ったから、お正月はあなたの実家の九州に行きましょう
北海道に行けない分、義父さんと義母さんへは贈り物をしよう

第1章

結婚を決めたら

結婚までの流れ

The Process of Marriage

結婚しよう!
親へのあいさつ P18~
結婚させてくださいっ
婚約記念品を買いに行く P26~
招待状返送
返事がきてない人に電話しなくちゃっ
披露宴の席次を決める P64~
披露宴の料理を決める P68~
招待状発送 P60~
寿
主賓あいさつ、乾杯、受付などを依頼 P52~
ケンカ…マリッジブルーを友だちと解消
手作りアイテム作成開始 P86~
衣裳選び P74~
新婚旅行を予約
お礼のあいさつ、お礼状 P114~
新婚旅行 P118~まだまだ続く これからが本当のスタート!!

本格的に忙しくなる前に1回休み
結婚式のプランを決める P36～
結納を行う P28～
新居の準備
彼が忙しくて協力してくれないっ
披露宴の演出を決める P98～
引き出物を決める P70～
披露宴の準備をする P46～
両親へのあいさつ
今までお世話になりました
結婚式、披露宴!!
披露宴会場決定
ダイエット開始!
挙式までに3kgやせたい!!
職場や友人へ報告 P24～
おめでとう!
招待客のリストアップ P50～
2次会の準備をする P58～

家族、親戚編

自分の親と彼（彼女）が一緒にいると、雰囲気が悪くなってしまう

自分にとっては「身内」でも、彼（彼女）にとっては「他人」なのが自分の親。関係をよくするためには、取引先との会合をセッティングするような気持ちで、彼（彼女）も参加しやすい話題にします。親と彼（彼女）の意見が分かれた時は、できるだけ彼（彼女）の味方になるように。自分の親に対しては自分が悪役になるくらいの余裕を持って。

この前彼が…
彼ってねー
……
私が彼を守らなくっちゃ

家族から結婚式や結婚生活について口出しされる

結婚したらウチの近くに住んでね
ドレスはこっちの方がいいんじゃない？

重要なことや、結婚式のこだわりポイントに言及された場合は、その場で調子よくOKを出すのは禁物。彼（彼女）が同席していても、遠慮して本音を言えないことがあります。「考えてみるね」と、ひとまず持ち帰り、ふたりできちんと話し合ってから結論を伝えて。その場しのぎの返事をしても実行しなければ、逆に悪い印象を持たれてしまうことも。

え、ええ…

自分たちの力で結婚式を挙げるつもりが援助を申し出られた

これ使いなさい
お父さん!? どうしたの!?

結婚式の費用を自分たちで準備するのは、大人のカップルなら当たり前。けれども、親からの援助の申し出があった場合は、ある程度受け取るのも親孝行のひとつだと思って。心苦しいなら、結婚後に「お祝いをいただいたので」と旅行や家電製品などをプレゼントとして返しても。

自分の親と相手の親の相性が悪いようだ

互いの親が結納の席でも、食事会でもあまり話がかみ合わない、どうやらお互い苦手なタイプらしい……という場合は、逆に顔を合わせる機会を減らすことで、摩擦を避けるという方法も。大喧嘩や明らかに相手を嫌っている発言がないなら、そっとしておくのも大人の対応です。

……

しきたりに厳しい親戚がいる

ゆるさん!!
田辺家のしきたりに反することは絶対ゆるさん!!
わ、若いふたりにすべてまかせることにしたので…
父さん、何か言って

親世代ではまだまだ「本家」「分家」の意識が強かったり、「○○家のしきたり」に厳しい親戚もいます。どうしても取り入れにくい提言なら、親から遠回しに断ってもらいます。

カップル編

結婚式、披露宴をする、しないで意見がわかれた

結婚を決めた後にまず決めるのが「結婚式をどうするか」。ふたりの意見が一致しない場合は、結婚式、披露宴のメリット、デメリットを客観的に書き出し、その上でふたりにとって「結婚式を挙げる意義」「挙げない意義」をみつけ、歩みよります。また「挙式だけならいい」など、妥協点をみつけるのも解決への近道です。

メリット…会社や親族など、社会的に認知される。お世話になった方へ礼を尽くした報告ができる。ふたりが新しい人生を歩むことを実感できる。
デメリット…それなりの予算と、準備をする時間がかかる。

相手が準備に協力してくれない

仕事が忙しかったり面倒な気分になったりすると、準備が相手まかせになってしまう人も。準備に積極的にならない相手に協力してもらうためには、いつまでになにをやるべきかをリストにして、協力をお願いします。イライラして「少しはやってよ！」と言うよりも「○○の件、○日までだけど大丈夫？」と聞いた方が相手のやる気を起こしやすいことも。

予算の使い道についてもめてしまう

料理や引き出物、ドレスなど、予算の使い途はさまざま。意見がわかれた場合は「ゲストにとって一番よい選択は？」を基準に考えて。またオーバーになりそうな場合も、優先順位をふたりで相談して決めます。

職場編

同僚や上司との関係が気まずい

結婚を決めた後に、同僚や先輩からよそよそしい態度をとられたと感じたら、ウキウキしすぎていたり、自分の都合だけで新婚旅行（休暇）の予定を決めていないか考えて。気持ちよく祝ってもらえるよう、結婚前後はいつも以上に気を引き締めて、堅実な仕事を心がけて。

花ちゃん、浮かれてて…ちっとも私とは遊んでくれないし
じっ

職場でからかわれる

今日もデート？
いつ知り合ったの？
どんな人？
長男？

結婚の報告をしてから、プライベートのことを細かく詮索されてうんざり……ということも。からかい、興味は親しみの表れでもあるので、笑顔で「ありがとうございます！」と、言えるくらいのゆとりを持って。

「昔は結婚したら家庭に入るもんだった」と言われた

人事決定権を持たない相手なら、最初からムキになって反論せずに、

セクハラですよ～と、冗談まじりにたしなめる程度で様子をみて。

そんなつもりじゃなくて、エラいなーと思って、ほめたんだよっ

あまりに続くようなら、既婚の先輩女性に相談してみても。

親へのあいさつ①　事前の準備

Courtesy Visit to the both Sets of Parents 1

結婚してください!

親に紹介する

結婚を決めたら、まずはお互いの親にパートナーを紹介し、結婚の報告を。結婚とは、親元から離れふたりが新しい家庭を作るということ。これまでパートナーの家に気軽に遊びに行っていた場合でも、その日だけは甘えた気持ちを捨てて、改まった姿勢でのぞみましょう。何十年と続く長いお付き合いの第一歩です。できるだけ好印象を残せるよう、自立した大人としてあいさつに行きましょう。

自立した大人になろうね
自立した大人って?

自立した大人のふるまい

1. TPOをわきまえた服装・態度で、礼儀正しく話せる。
2. 今後の人生設計をしっかりと語れる。
3. 結婚式、披露宴の費用など、お金の援助を自分たちから申し出るのはNG。

親が認めてくれているときは

「どうぞよろしくお願いします」という節目のあいさつはしっかりと。結婚についてOKをもらっている場合でも、結婚式のスタイルや結婚後の生活などでは意見が一致しないこともあります。親に気持ちよく賛成してもらうために、まずはふたりの間できちんと話し合い、どんなことでも「ふたりの考え」として語れるようにしておきましょう。

式は教会式がいいなー
住むところはどこにする?

反対される可能性があるときは

反対
迂回したくなるくらい高い山だね…
山頂に立てば遠い将来まで見えるはず

自分たちの置かれている状況を冷静に考え、反対される原因を取り除く努力をします。親が結婚を反対するのは、「生活が不安定になるのでは」「将来、苦労することになるのでは」など、ふたりの考えの甘さを心配してのことです。とくに収入面の不安定さは、親の不安を呼び起こす第一の原因。その不安を取り除けるような根拠（今後の人生計画）を提示し、真剣に話し合えば、歩みよりが期待できるはず。

親への切り出しかた

自分の親には、彼（彼女）の訪問の目的が結婚のあいさつであることをきちんと伝えておきましょう。パートナーの仕事や年齢、趣味はもちろん、自宅に招く場合は食べ物の好き嫌いなども事前に話しておきます。また、結婚時期、結婚後の仕事の継続、住む場所の生活スタイルについても話しておきましょう。

親がパートナーを知らないなら
結婚したい人がいるので、今度ふたりであいさつしたいと思います。都合のいい日を教えてください
もう泣いてる。

娘の結婚に対して複雑な気持ちになるのは、やはり父親。話しにくくても父親には娘から直接伝えるようにすると、スムーズに話が進みます。

パートナーには
うちはトマトに砂糖をつけて食べます
父は大工です

自分の親の仕事や年齢、性格、趣味などの基本情報を事前に伝えておきましょう。また、自分の家の習慣は、それまで生活をともにしていないパートナーには意外と戸惑いの原因となるもの。当日一緒に食事をする場合は、食生活や食習慣についても伝えておくこと。

すでに紹介済みなら…
りかさんと結婚しようと思うんだ。今度あらためて結婚のあいさつの場を作らせてください

男性の服装

服装

スーツが無難です。シャツも派手な色は避け、ネクタイも奇抜にならないようにします。シャツはきちんとアイロンをかけて。

ヘア

茶髪や長すぎる髪は印象がよくありません。きちんとカットして、清潔感のある服装で。

身だしなみ

ひげをしっかり剃《そ》るのはもちろんのこと、鼻毛のチェックも怠らないこと。靴下もできれば新品をおろして。

靴

よく磨きましょう。中敷がいたんでないかもチェック。

手みやげ

事前に好みを聞いて持っていくのが◎。渡すタイミングは室内に入って、パートナーに紹介されてから。

「つまらないものですが…」より「皆さんのお口に合えばいいのですが…」の方が好印象。あまりにも高額なものは避けて。

お酒

お酒が好きなご家族なら、好みの銘柄を。「じゃあ一緒に」と誘われても、ほんの少し口を付ける程度に！酔っぱらって迷惑をかけるのはNGです。（自分が）アルコールが苦手な場合は、お酒を持参するのは避けた方が無難。

女性の服装

服装

「個性をアピールする」より「減点されないこと」が基本。スーツかワンピースが無難。正座するかもしれないので、タイトスカートは避けて。短すぎるスカートは印象悪し。

ヘア&メイク

明るすぎる茶髪や金髪、派手すぎるメイクはNG。清潔感のある整った髪型で、ナチュラルメイクを心がけて。ブラウンやピンク系のメイクが好印象です。

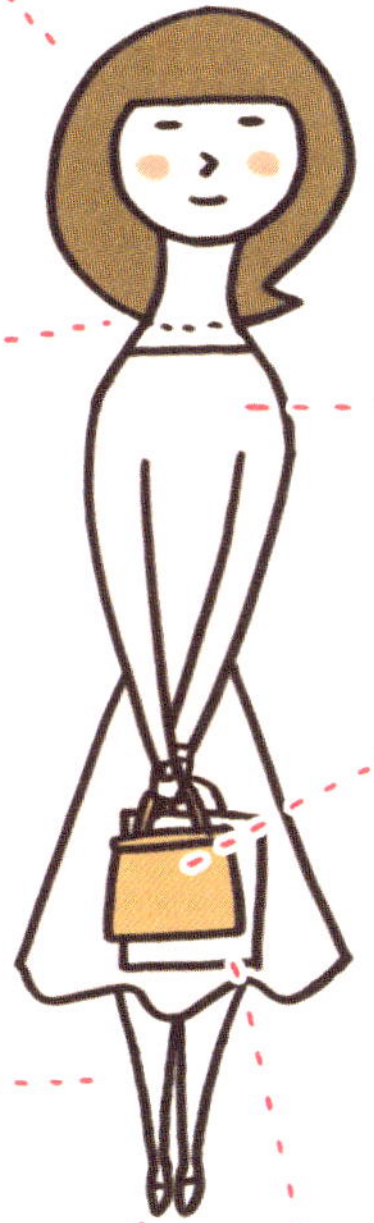

バッグ

明らかに値段が高いことがわかるブランドのものよりも、シンプルなもの。

アクセサリー

付け過ぎるのはNGです。シンプルかつ上品に装って。婚約指輪をもらっている場合は付けていってもOK。

その他の注意

ご自宅で迎える相手のご両親は、それほどよそ行きの格好はしていません。相手の服装とギャップが出すぎないよう、また「あの娘は派手でお金使いが荒そう…」なんて心配されないように。

ストッキング

たとえ夏でも素足は厳禁。ストッキングは必須。

靴

お家にあがるので、脱ぎやすいものを。汚れているものは論外!

和菓子

自分が住んでいる地域の名店などを選べば話の糸口となりやすい。

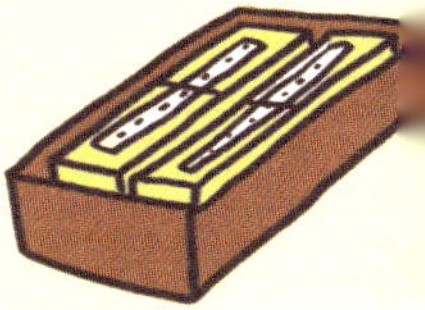

親へのあいさつ③ 当日の心がまえ

Courtesy Visit to the both Sets of Parents III

彼が結婚のあいさつに。
緊張する
練習する?

当日の心構え

「自分の家に恋人を迎える」のではなく、「パートナーとふたりで両親に報告する」気持ちを忘れずに。親と同居の場合でも、「お客様」になったつもりで礼儀正しく。

彼のあいさつの言葉は…?

彼のあいさつの言葉は、父母のキャラに合わせて事前に打ち合わせておくと安心。言うタイミングは自己紹介が終わった後。あまり先延ばしにすると緊張も長引き、言う機会も失ってしまいます。もちろん、最後はふたり揃って「お願いします」。

無難に
リカさんと結婚させてください!
どんなキャラの父親にも受け入れられやすい!

NG路線
お嬢さんを僕にください!
定番と思われがちですが、意外に不評。「物じゃない!」と怒られるかも。

自己紹介兼用
リカさんと結婚を前提にお付き合いしている塩田たけおです!
父親のキャラによっては「勝手に決めるな!」と思われる可能性あり。

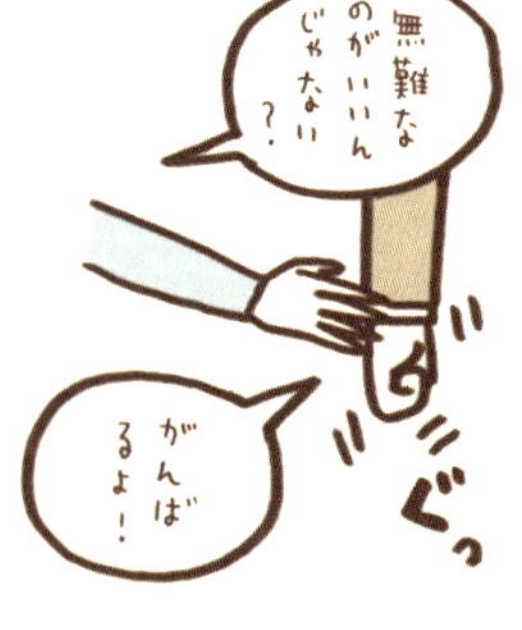
無難なのがいいんじゃない?
がんばるよ!
ぐっ

次は私の番です。

緊張する
落ちついて

ふだんから遊びに行っている間柄でも、きちんとした席ではある程度の緊張感は保って。自己アピールは控えめに、聞かれたことにはきちんと答えると「しっかりしたお嬢さん」に見られます。

ところが….
緊張しすぎて NG のてんこもり状態でした…。

呼び捨てやニックネーム

「(名前)さん」がベスト。呼び捨てやニックネームはNG。

たけポン
おじさん、おばさん

いきなり「お父さん、お母さん」では慣れ慣れしく、「おじさん、おばさん」ではよそよそしい印象を与えるかも。「○○さんのお父さん、お母さん」が正解。

彼をけなす

もうたけポンって本当、優柔不断なんだからっ

たとえ愛情の裏返しでもNG

仲の良さを過剰にアピール

仲良しです

彼にべたべたされるのもNG

彼の家の財産をうかがう

あの絵って高そうですね

ほめているつもりでもNG

その場を仕切る

ここは私がやりますのでお母さんはあちらをお願いします

自分の家ではないので、出しゃばるのはNG。あくまで控えめに。

食事のあと片づけ

黙ったまま何もしないのはNG。ただし、台所に他人を入れるのを嫌がる人もいるので、必ず「お手伝いします」と一声かけて、「お願いします」と言われてから。

帰るタイミング

昼間であれば、2~3時間後。食事を誘われた場合でも夜8時前には失礼しましょう。招いた彼(彼女)が親に切り出すとスムーズ。

明日も仕事だからそろそろ彼女を送って行くよ

職場や友人への報告

Telling Your Colleagues and Friends about Your Marriage

両家へのあいさつが終わったら、会社や友人へ結婚の報告を。披露宴に招待する予定がある人なら、少なくとも3か月前には口頭でお願いし、予定をうかがうのがのぞましいです。

店長、プライベートなことなのですが、ご相談があります。少しお時間をいただいてもよろしいでしょうか?
flower

職場への報告3原則

- 報告の時期は、「親へのあいさつ〜結納」くらいを目安に。
- まずは直属の上司に報告。披露宴に呼ぶ予定があれば、他の上司や先輩、同僚にも自分で伝えましょう。
- 業務時間内に話すと、公私のけじめがつけられないように見えます。報告は昼休みや始業時間前に。会社のメールアドレスを使用するのも避けましょう。

どんな風に伝える?

実は、かねてよりつきあっていた方と結婚することになりました
おめでとう!
松本花(27才)

- 披露宴に招待するなら
  「結婚式は○月○日に、○○ホテルで行う予定です。ぜひご出席いただければと思っております。追って招待状を送付させていただきますので、ご検討下さい」
- 披露宴に招待しないなら、
  「結婚式は、身内のみで簡単に済ませることにしました」
- 仕事の忙しい時期と重ならないように、結婚式や新婚旅行の時期を相談しても。
  「新婚旅行は○月○日〜○日を予定しています。ご迷惑をおかけいたしますが、この間は休暇をいただきたいと思います」

気をつけたいこと

周囲の人にオノロケ話をし過ぎると浮かれた感じに。逆に、いつも以上にまじめに仕事に打ちこめば、「責任感が出てきたな」と高評価につながります。打ち合わせや衣裳合わせなどで会社を早退することもあるでしょう。フォローをしてくれる周りの人への感謝は忘れずに。

立花わたる（38才）
以前転んで
足の骨を折って入院した時の
主治医なんです

結婚しても
仕事は続けたい
と思っています

仕事は続ける？

会社には退職を希望するのか、仕事を続けるのかを明確に。退職する場合は、退職時期についても相談します。退職時期を自分の都合だけで押し切るのはNGです。

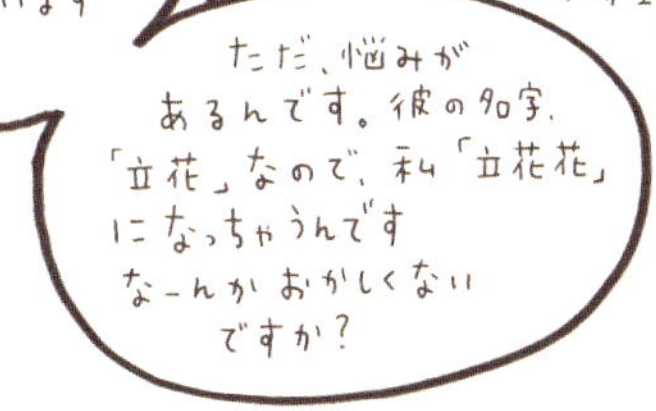

ただ、悩みが
あるんです。彼の名字、
「立花」なので、私「立花花」
になっちゃうんです
な～んかおかしくない
ですか？

名字は？

営業など、外部の人と接触が多い職種で相手の姓にする場合は、新姓で仕事をするのか旧姓のまま続けるのか希望を伝え、上司と相談します。

＼友人には…／ どうやって？

うれしい報告はできるだけ早めに。親しい友人なら結婚を決めたらすぐに報告して「幸せのおすそわけ」をすると喜ばれます。年賀状、手紙だけのやりとりなど、ちょっと疎遠になっている人には、ある程度話が進んでからの報告でもOKです。

あらたまった報告は、手紙や直接会う方がていねいと言われています。でも最近では、すぐに伝えることができる電話やEメールを使うことも多いようです。親しい人であれば失礼にはあたりません。

注意すること

報告もれは友情にヒビが入る原因なので注意！招待する人しない人も含め、報告リストを作ってチェックしておくと忘れません。

婚約記念品を交換する

Exchanging Gifts with Your Betrothed

婚約記念品には、一生の記念となる品を交換しあい、ふたりの絆《きずな》を深めあうという意味があります。

結納式（P28～P29）や、両家の食事会（P30～P31）などを行う場合は、その場で交換するのが一般的。ふたりだけで婚約記念品を交換するカップルも少なくはありません。

ふたりだけで婚約記念品を交換する場合は、お互いの親に報告を。

女性への記念品

エンゲージリング（婚約指輪）が主流ですが、最近はカップルによってさまざまな趣向を凝らしているようです。一生の記念となるものなので、お互いに納得のいく品を選びましょう。ジュエリーショップでは30万～40万円台のリングがよく売れているようです。

ソリティア
一粒石の指輪。カットやデザインが豊富なので選びやすい。

パヴェ（メレ）
細かい石を組み合わせたもの。ふだんでも使いやすい。

男性への婚約記念品

実用的なものが主流。ふだんから相手の好みを知るようにして、喜ばれるものを贈りましょう。何が欲しいか、単刀直入に聞いてしまうのも手。

時計
女性とペアウォッチにしても。オメガ、ロレックスなどが人気。

スーツ
改まった席に着ていける海外ブランドのものが人気。

電化製品
デジタルビデオやノートパソコンなどの実用性のあるもの。

気をつけたいこと

あまりに高価な品を贈りあい、新婚生活に支障をきたしてしまうのは本末転倒です。婚約記念品の予算は、きちんと計画を立てて決めましょう。

ブラッジリング
エンゲージとマリッジを兼ねたリング。ふだんでも使いやすいデザイン。2本分の予算を1本にかけられる。

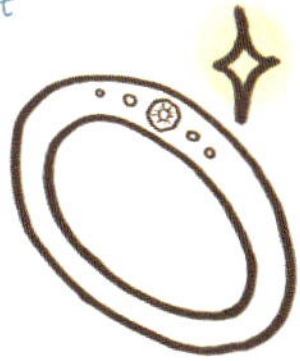

エタニティ
小さな石を一周並べてうめたもの。半周だけ石が並んだものはハーフエタニティ。

セットリング
エンゲージとマリッジを重ね付けできるようにデザインしたリング。

指輪が不要だと思っても「婚約した女性には指輪を贈りたい」と考えている男性もいます。自分がいらないと思っても、ひとりよがりにならずに言葉を選んで伝えましょう。

結納を行う

Exchanging Engagement Presents in a Customary Ceremony

結納とは？

婚約を取り交わす式のことで、この日を境にパートナーは正式な婚約者となるのが古くからのしきたりでした。両家の間で結納金や婚約記念品をやりとりし、「親戚同士となるので、よろしくお願いします」という正式なあいさつをする場でもあります。現在は省略するカップルが増えています。

どのように行うか？

地方や家によって習慣が違いますが、結納のスタイルが違う場合は、名字を名乗る家の方に合わせることが多いようです。もしもめそうな場合は、「よりこだわりの強い方に合わせる」「譲れないポイントだけは取り入れる」などとしてトラブルを防ぎましょう。

結納のときの正式な服装

女性
振り袖か訪問着。
洋服ならフォーマルワンピースかスーツを。

席順は？

仲人がいない場合は、上座から本人、父、母の順に座ります。仲人がいる場合は、仲人が一番下座に座ります。

【結納の手順】

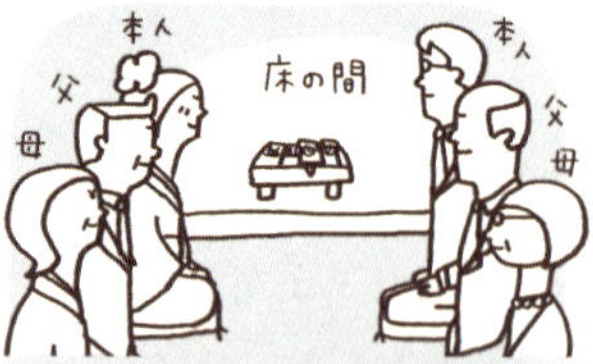
本人
父
母
床の間
本人
父
母

男性・女性の順に入室し、床の間に結納品を飾る。「よろしくお願いします」とあいさつ

男性の父親のあいさつ
男性側から女性側に結納品を運ぶ
女性が目録を確認

結納金はいくら包む？

結納金は名字を名乗る家がおさめます。だいたい50～100万円が一般的。おさめられた側は、半返しといってその半額を（当日、または後日あらためて）包みますが、最近は結納金を少なくして、半返しをしないというパターンも。

どこで行う？

以前は女性の自宅で行われることが多かった結納ですが、最近は迎える側の負担を考えてホテルや料亭などで行うことが増えています。自宅で行う場合は、結納品を飾る床の間のある部屋で行うのが一般的です。

どんな服装？

お祝いごとの席なので"ドレスコード"は事前にしっかりと打ち合わせておきましょう。片方が第一礼装の「訪問着」を着ているのに、もう片方が略装の「グレーの普通のスーツ」では、正装してくれた相手に対して失礼になるので要注意。

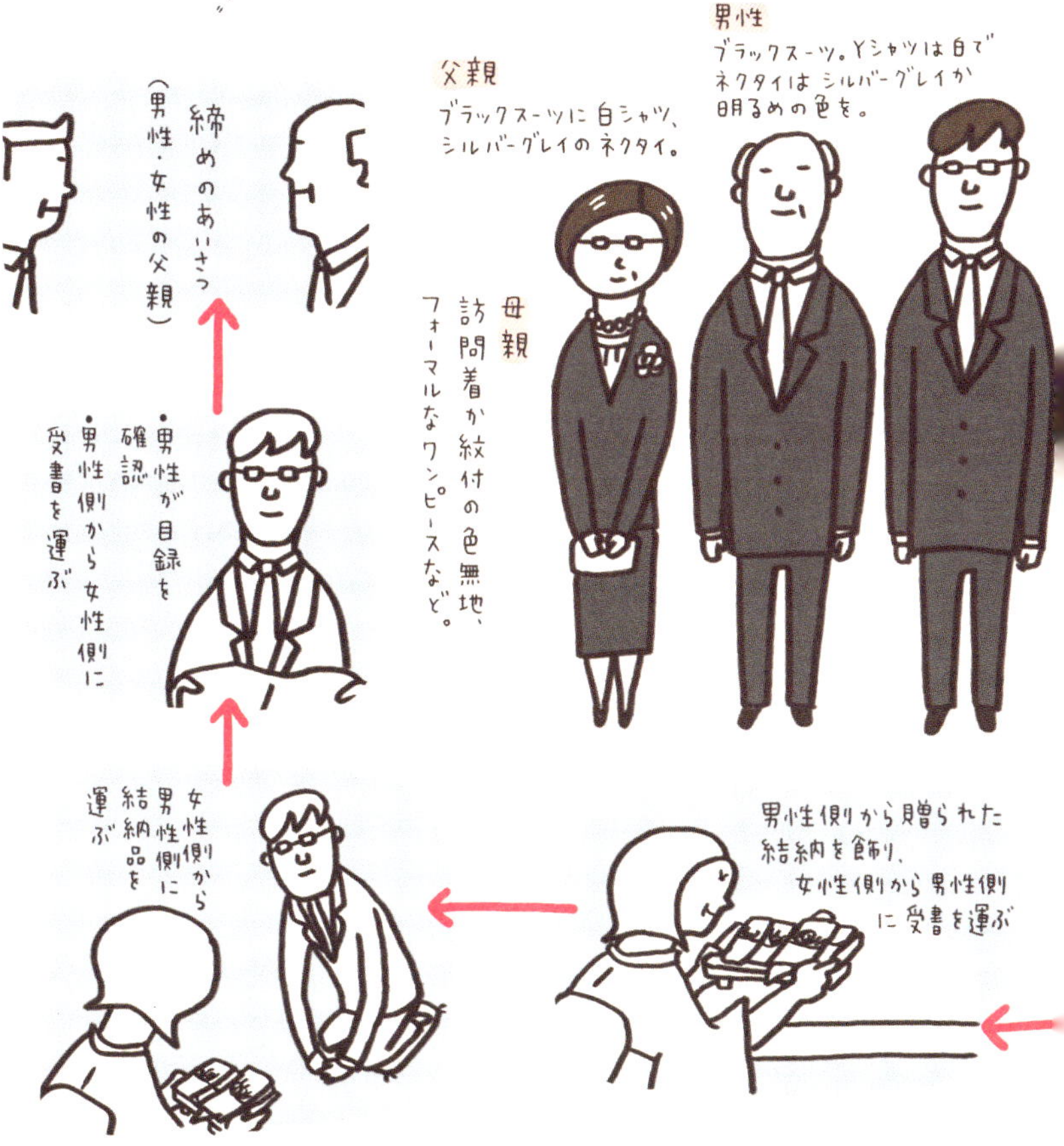
男性
ブラックスーツ。Yシャツは白でネクタイはシルバーグレイか明るめの色を。
父親
ブラックスーツに白シャツ、シルバーグレイのネクタイ。
母親
訪問着か紋付の色無地、フォーマルなワンピースなど。
男性側から贈られた結納を飾り、女性側から男性側に受書を運ぶ
女性側から男性側に結納品を運ぶ
・男性が目録を確認
・男性側から女性側に受書を運ぶ
締めのあいさつ（男性・女性の父親）

今どきの婚約式（両家の食事会）

The Espousals Today

昔ながらのしきたりにこだわらず、両家が集まって顔合わせをする「食事会」も増えてきました。

両家の結納の形式が違う場合には、食事会方式にすることでトラブルを防げることもあります。

ボクたちがお父さんとお母さんを招待して、みんなで食事会をしたかったんだ
桜木佳代（33才）
川本裕太（28才）
しきたりにとらわれないスタイルもいいですね
ここで披露宴を挙げたいそうですよ

どんな服装？

男性陣はスーツ、女性陣はスーツやワンピースなどで。女性本人は振り袖を着ることも。「よそいき」の服装を意識しつつ、両家の服装がちぐはぐにならないよう事前に打ち合わせておきましょう。普段着はなるべく避けて。

どんな場所で？

ホテルや料亭、レストランなど個室のあるところ。ある程度の格式のある場所で行うほうが、おめでたい席にはふさわしいです。

お料理おいしいですね
このメインのお肉はランクアップしたほうがいいかも

料理は？

会席料理や、年齢による好き嫌いの少ない中華料理など。レストランには"婚約"の席であるということを伝えて、お祝いにふさわしい料理を作ってもらいます。披露宴を挙げる場所で、当日のメニューを試食するというのも手。

用意するものは？

婚約指輪などの婚約記念品。結納を省略しても、結納金だけは取り交わす場合もあるので、きちんと確認しておきましょう。交換のタイミングは、両家の自己紹介の後で乾杯の前がよいでしょう。

裕太さんにうかがったんですが、
ご夫婦で登山がご趣味とか 父と母も最近、登山をはじめたんですよ
本当ですか!!

避けたい話題

- 宗教の話
- 財産の話
- 病気の話

無難な話題

- 披露宴の相談
- ふたりのこと
- 仕事の話題

……。
山はいいですよねー
○○山は登りましたか？
ええもちろん
今度一緒に登りましょう!!

費用は？

基本は両家折半。ただしどちらかが遠方の場合は近い方が全額払うなど、柔軟に対応しましょう。最近では、結婚する本人が両親を「招待」するという形をとることも多いようです。

結婚式、披露宴の準備には、いろいろな手配や連絡が多いですが、大切な日のことだけにミスはしたくないもの。ウエディング準備用のノートを一冊用意すると、頭の整理もしやすくなります。

ウエディングブックを作ろう

Filing the Memos about the Wedding

ルーズリーフタイプが便利

ノートタイプのものよりも、ルーズリーフタイプの方が後から付け足すことができるので便利。結婚後もおつきあいの備忘録として使えるよう、できるだけ後からも見やすいようにきれいに書き留めて。

輸入雑貨店などにある布製のものも便利でステキ。

どうやって作るの？

「予算」「衣裳」「招待客」など、手配するものごとにインデックスを作ると使いやすい。時系列に並べるよりも、目的別に並べる方が、手配忘れを防げるのでよい。

同じサイズのスケジュール帳のレフィルを入れてスケジュール管理を。

式場などでの打ち合わせのメモ帳として。

結婚式後の思い出も…

ヘアメイクやブーケ、結婚式の写真イメージをスクラップ。打ち合わせのときに持参。

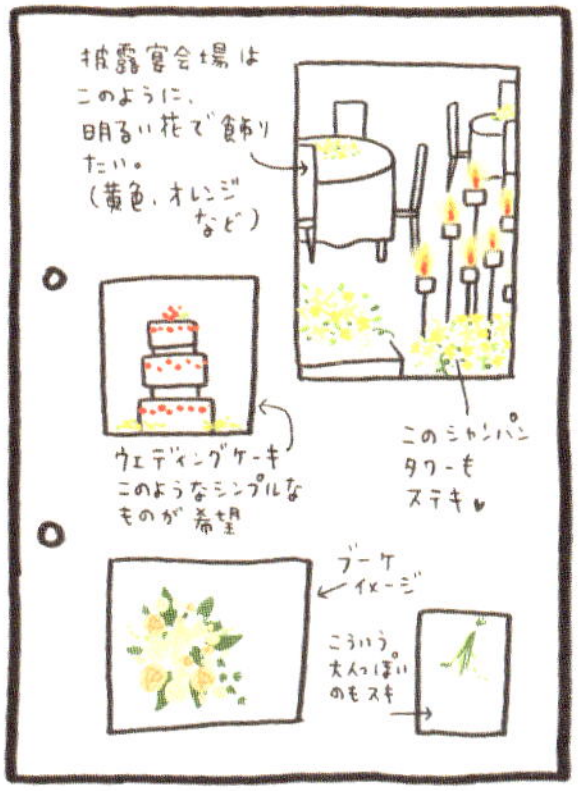

披露宴会場はこのように、明るい花で飾りたい。（黄色、オレンジなど）
ウェディングケーキ このようなシンプルなものが希望
このシャンパンタワーもステキ♥
ブーケイメージ
こういう、大人っぽいのもステキ

ドレスの試着写真をプリントアウトしてファイリング。後で見比べやすい。

〈正面〉
大人っぽいシルエットが気に入っている
Shop名
○○○○店
担当 相本さん
〈後ろ〉
〈横〉

出納帳もこの1冊に。いろいろな情報誌などを見比べて予算表を作り、手配が終わったら実費を隣に書き込んでいくと予算オーバーを防げてよい。

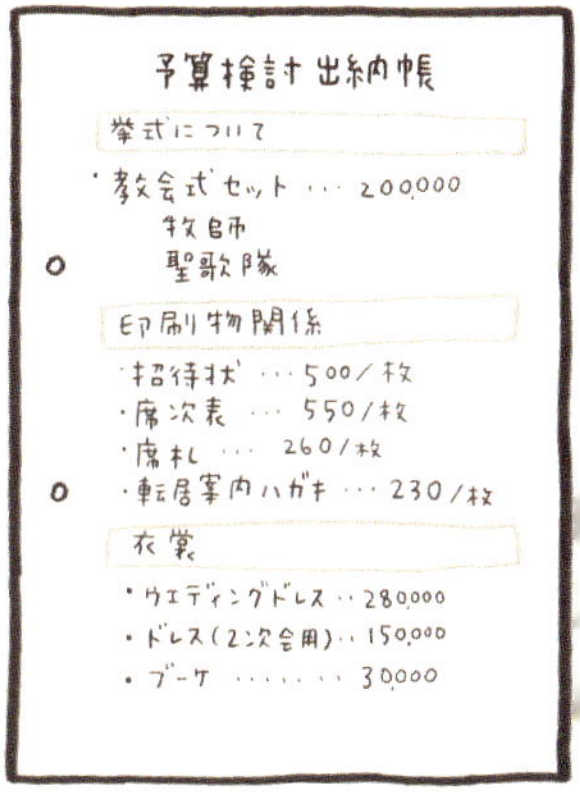

予算検討出納帳
挙式について
・教会式セット … 200,000
牧師
聖歌隊
印刷物関係
・招待状 … 500／枚
・席次表 … 550／枚
・席札 … 260／枚
・転居案内ハガキ … 230／枚
衣裳
・ウエディングドレス … 280,000
・ドレス（2次会用）… 150,000
・ブーケ …… 30,000

招待客のリストとともに住所録を作る。受け付けなどを頼む人もここにメモ。結婚式が終わったあとでも、お礼状や年賀状を送るときに使える。

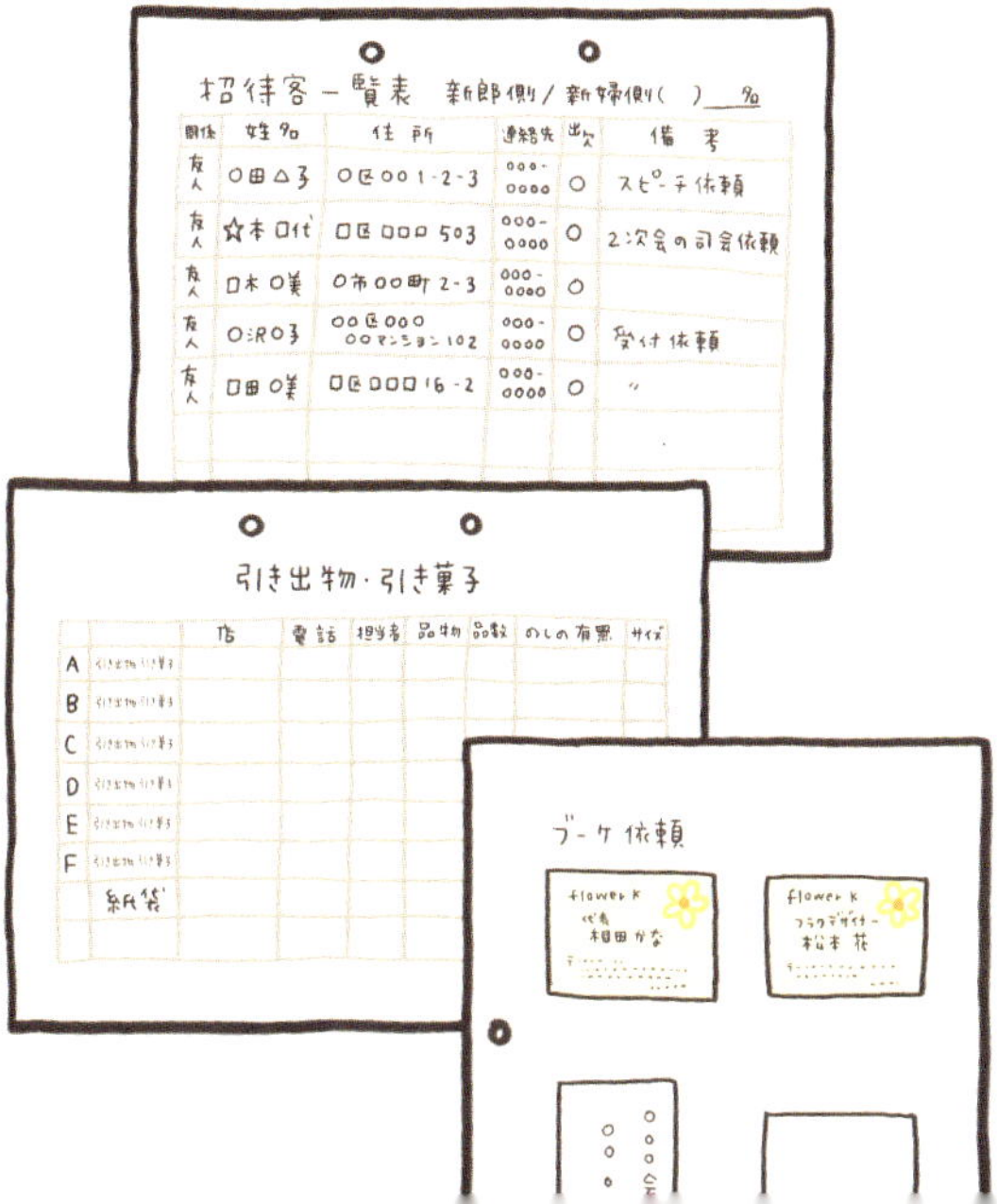

招待客一覧表 新郎側／新婦側（ ）名
関係 姓名 住所 連絡先 出欠 備考
友人 ○田△子 ○区○○1-2-3 ○○○-○○○○ ○ スピーチ依頼
友人 ☆本□代 □区□□□503 ○○○-○○○○ ○ 2次会の司会依頼
友人 □木○美 ○市○○町2-3 ○○○-○○○○ ○
友人 ○沢○子 ○○区○○○ ○○マンション102 ○○○-○○○○ ○ 受付依頼
友人 □田○美 □区□□□16-2 ○○○-○○○○ ○ 〃
引き出物・引菓子
店 電話 担当者 品物 品数 のしの有無 サイズ
A B C D E F
紙袋
ブーケ依頼
flower K 代表 相田かな
flower K フラワーデザイナー 松本花

ブーケなど、式場以外のところ
手配するものがある場合は、
各外部スタッフの連絡先（名
を入れるページを作ると便利。

婚約中のその他の用意

マリッジリング

婚約指輪と違い、常に付けられるもの。デザインにこだわったリングを作るカップルが増えています。名前や結婚式の日付の刻印をしたり、サイズを直したりするには、1か月ほど時間がかかるので早めに買いに行きましょう。

マリッジリングの刻印の言葉

○ to ○

○ & ○

with my love

Eternity (永遠)

MON COEUR ENLACE
(あなたに夢中)

などなど…

〈リングのアイデア〉

・買ったときにはサイズ調整せず、ゆるめのままにしておいて、結婚式の「指輪交換」がスムーズにいくようにしておくという手も。

・同じデザインで、男性はプラチナ、女性はピンクゴールドなど色違いにするのもアイデアです。

ふたりでマリッジリングを作ろうと計画
銀細工のスクールに通って、お互いのリングを贈りあうことに。上手にできなかったけど、今でも一番の宝物！
〈マリッジリングのエピソード〉

嫁入り道具、どこまで揃える？

最近では、住宅事情や生活慣習を踏まえ、嫁入り道具も省略される傾向にあります。とくに家具は、引越しをすると新しい家に合わなかったりすることも。高価なものなので結婚後のライフスタイルを考えて親とも相談しましょう。

〈訪問着・色無地〉

訪問着には実家の家紋をいれてもよいとされています。これは、夫婦生活に何かあったときに、実家の紋がついている着物は持ち帰れるという、昔からの習わしがあったためだそうです。

〈喪服〉

作る時期を逃すと病気の人が身近に出た場合、「死ぬのを準備するみたい…」ととらえられるので、おめでたいことがあったときについでに作ってしまうのが○。家紋は（新婦の）実家の紋を入れるのがしきたりです。

第2章

結婚式、披露宴の準備

結婚式のプランを決める

Making Your Wedding Plan

結婚式のプランを決定するには、ふたりの結婚式のイメージを明確にし、お互いに歩み寄らなければいけません。

image
image

準備期間を楽しむための3か条

1. 自分なりの結婚式のイメージを持つ
「親戚の方々にも楽しんでもらいたい」「アットホームにもてなしたい」など、自分なりのイメージを相手に伝えられるように。

2. 自分の意見を押し付けすぎない
結婚式は、ひとりだけでするものではありません。自分の親や婚約者、婚約者の親などの意見も聞くように。

3. 決定を相手まかせにしない
どちらか一方が決めてしまうと、後のトラブルになることも。ふたりで決めたことなら、どんなことでも納得して進められます。

僕が洋風の結婚式にしたいから、申し訳ないけど鏡開きよりケーキカットをしたいと思うんだ
「りかちゃんが、そんなダサいの嫌なんだってさ!」
NG

慣習のある場合は

その家ならではの慣習などがある場合は、どのように取りこむのかを親と相談し、折り合いをつけます。やりたくない場合も、きちんと理由を添えて親に説明します。婚約者が悪者にならないように注意。

結婚式のプラン作りの進め方

1. 雑誌・インターネットから情報収集
およその招待客数と、そのための予算がどれくらいになるかなど、基本的なことはおさえておくこと。優先順位をはっきりさせると、具体的なプランがたてやすいです。

2. 日取り、時間帯を決める
挙式1か月前は、準備で思った以上に忙しくなります。仕事が忙しくなる時期ははずすなど、周りとの調整も考えましょう。親の忙しい時期もできるだけはずして。

3. 親族の招待客について相談
ある程度の具体的プラン、日取りが決まったら親に報告し、親族の招待客について相談を。面倒に思うことでも、親同士の付き合いも尊重するのが大人の対応。

海外で挙式をしたいのは、誰にもジャマされずにふたりきりで過ごしたいからなの…
じゃあ、新婚旅行の日数をもう少し増やそうか。その代わり、挙式は日本で。親戚にも来てもらおう

ふたりの意見が対立したら

自分の意見ばかりを主張するのではなく、なぜ相手がそうしたいのか、その根底にある理由をきちんと理解しましょう。自分の意見も「○○だからこうしたい」と、理由を添えたほうが相手に伝わりやすいもの。

マリッジブルーは…

準備が忙しくなるとイライラしたり、ブルーな気分になったりするもの。そんなときは少し距離を置いてみて。友だちを頼ってガス抜きするのもいい方法です。

さてはマリッジブルー？
先輩、今日飲みに行きましょう！何かブルーなんですよ

忙しいのはわかるけど
ふたりの事なのに、何で私ばっかり～

彼が協力してくれない

彼が積極的に関わってくれないときは、相談にのってほしいことをまとめてから伝えるように。「全然話を聞いてくれない！」と怒る前に、彼に何を尋ねたいのか頭を整理してみて。

曖昧な質問では、彼が面倒に思ったり、とまどってしまうことも。

披露宴会場とかどうする～？
披露宴会場ココとココだったらどっちがイメージに近い？
ドレスを選びに行きたいんだけど、来週は都合のいい日がある？

具体的な質問をすることで彼も答えやすくなります。

上手に協力してもらうコツ

「どうして何も手伝ってくれないの!?」と責めずに「あなたの力を貸して」とソフトに。

結婚式の予算を立てたいんだけど…。計算の得意なわたるさんに教えてほしいの

彼女の機嫌を損ねないコツ

どんなに忙しくても、相手への気づかいを忘れないように。

「このドレスどうかしら？」

×「何でもいいんじゃない」
○「よく似合ってるよ」
◎「花ちゃんにはピンク色がよく似合うよね！」

単にほめるだけでなく、細かい点にコメントすることで、真剣に考えていることが伝わります。

「会場はどこにしようか？」

×「どこだっていいよ」
△「花ちゃんは、どこかいいところをもう見つけた？」
○「僕もひまなときにネットで探してみるから花ちゃんのイメージを教えて」

あまり任せっきりにせずに「できることは協力」するという姿勢を持って。

結婚式のスタイル① 神前式

The Style of the Wedding I ~Shinto-style Wedding~

ほとんどのホテル、専門式場に仮神殿が設けられており、神前式を行うことが可能です。親族をメインにした儀式なので、一族の結びつきをより強く感じることができます。格式を重んじる年配の方には、とくに喜ばれる傾向があります。仲人を省略するケースも増えています。

衣裳は？

女性は白無垢《しろむく》。頭には角隠しか綿帽子をかぶります。最近はかつらをつけない黒引きの大振り袖も人気があります。男性は紋付・袴をつけます。

参加するのは？

参列は親族のみというのが一般的。どうしても参列してほしい人がいるという場合は、会場に相談してみましょう。

神社で式を挙げたい場合

宮司さんがいつもいる大きな神社なら、挙式を受け付けてくれる可能性が。まずは電話で結婚式ができるかどうかを聞いてみましょう。挙式OKの神社でも祭事が優先されることを忘れずに。

神前式の席順

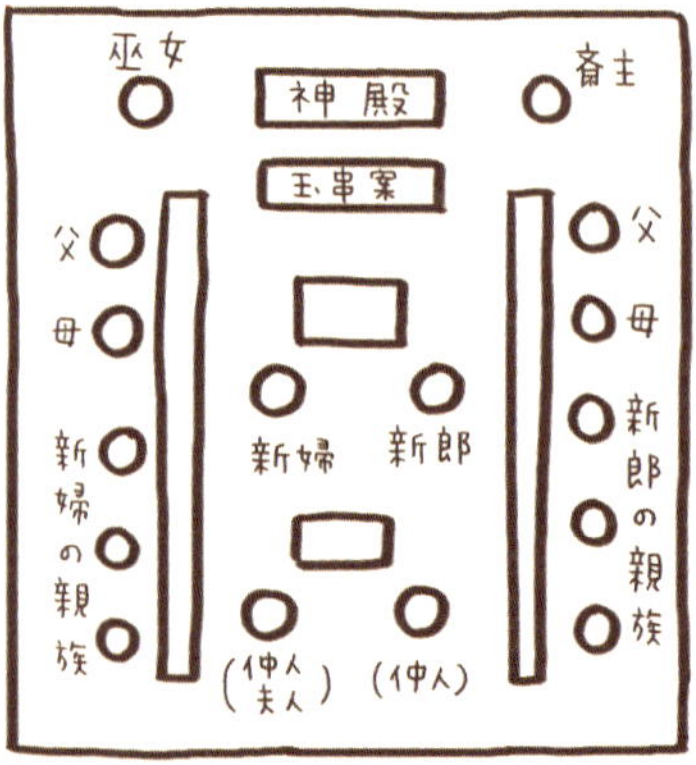
巫女
神殿
斎主
玉串案
父
母
新婦の親族
新婦
新郎
父
母
新郎の親族
(仲人夫人)
(仲人)

一般的な進行（所要20～30分）

参進《さんしん》…新郎新婦、仲人、両親、親族の順に入場

修祓の儀《しゅばつのぎ》…神主が出席者の身を清めます

祝詞奏上《のりとそうじょう》…神主が神様にふたりの結婚を伝え、お祝いのことばを読み上げます

三献《さんこん》の儀…三三九度の杯。夫婦が契りを結ぶ儀式。お酒が全く飲めない人は口をつけるだけでOK

誓詞奏上《せいしそうじょう》…新郎新婦が神前で誓いの文を読み上げます

玉串奉奠《たまぐしほうてん》…新郎新婦、仲人、両家代表が玉串を捧げます

指輪交換…新郎新婦が指輪を交換。この儀式は省略してもOKです

親族杯《しんぞくはい》…両家の家族が親族になったという誓いの杯を飲み干します

斎主あいさつ…式が終ったことを神主が神様に報告

退場…神主、新郎新婦、仲人、両親、親族の順に退場

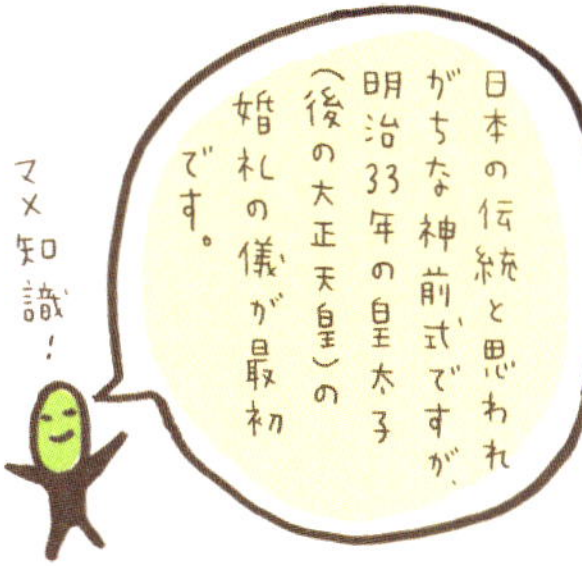

マメ知識！
日本の伝統と思われがちな神前式ですが、明治33年の皇太子（後の大正天皇）の婚礼の儀が最初です。

結婚式のスタイル② キリスト教式

The Style of the Wedding II ~Christian-style Wedding~

挙式スタイルの中で一番人気。親族以外の友人など、多くの人に参列してもらうことができるのもメリットです。

衣裳は？

女性は白のウェディングドレスとベール、男性はタキシードやモーニングなど。街の教会（チャペル）はお祈りのための神聖な場所なので、ビスチェなど露出の多いドレスは本来NG。上着や、はおりものを用意するようにしましょう。

ビスチェはNG

参加するのは？

親族のほか、友人たちの参列もOK。街の教会では信者が当日のお手伝いをしてくれたり、お祝いの参列をすることもあります。

教会で式を挙げる場合

まずは電話で問い合わせたり、礼拝に参加して教会の担当者に相談を。信者でない場合は事前に結婚についての心構えについて学ぶ結婚講座に通うことが義務づけられることも。

教会の方針に従った式になる（フラワーシャワーNG、写真撮影NGなど）ことを理解して。教会は結婚式場ではないので、ワガママは厳禁！

キリスト教式の席順

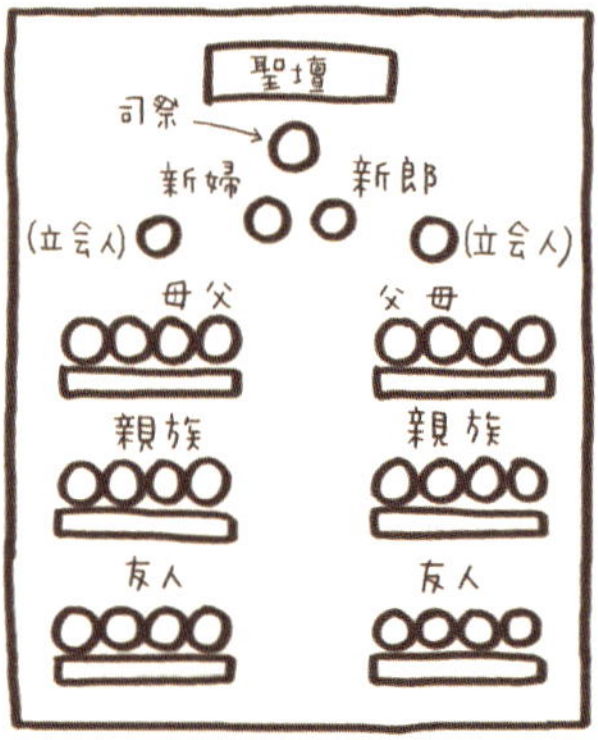
聖壇
司祭
新婦
新郎
（立会人）
（立会人）
母 父
父 母
親族
親族
友人
友人

一般的なキリスト教の進行

父親が一緒に歩くのを嫌がった場合は娘である彼女が説得を。あくまで「お願い」スタイルを崩さずに。


【よい例】

「小さい頃から、お父さんと一緒に教会を歩くのが夢だったの」


【悪い例】

「意地張っちゃって、もう！」

余計に意地を張らせることになる

信者でない人の挙式も広く受け入れているのがプロテスタント。ホテルや専門式場のチャペルで行われる挙式のほとんどがプロテスタントです。

カトリックでは、信者のみの挙式という教会も多く、可能な場合でも事前に結婚講座に通うことを義務づける場合がほとんど。

入場
新郎は聖壇前で新婦を待ち、新婦は新婦父とともにヴァージンロードを歩いて入場
父親がいない場合は、その他の親族にエスコートをお願いするか、新郎新婦で入場
新婦引き渡し
聖壇前で新婦父が新婦を新郎に引き渡し
賛美歌斉唱
全員が起立して賛美歌を斉唱
聖書朗読・説教
司祭（神父や牧師）が結婚生活の戒めを説く
結婚の誓約
司祭が結婚の意志をふたりに確認
誓います
指輪の交換
誓いのキスをする場合はここで
祝福と祈祷
司祭が新郎新婦を祝福し、祈りを捧げます
結婚証明書署名、結婚宣言
立会人がいる場合は続いて署名
賛美歌斉唱
新郎新婦退場
パチパチ

結婚式のスタイル③ 人前式

The Style of the Wedding III ~The Civil Wedding~

これまでお世話になった人たちの前で愛を誓います。宗教色がなく、式進行そのものをプランニングできるオリジナリティの高いスタイル。列席者全員が立会人になるので一体感が生まれます。

衣裳は？

オリジナルアレンジが可能なので、衣裳は着物でもドレスでもOK。

参加するのは？

新郎新婦が「立会人になって欲しい」と思ったすべての人。
一般的には披露宴の出席者と同じことが多い。

親が抵抗を感じている場合

世代によっては人前式になじみがなく、抵抗を感じる人もいます。人前式を理解してもらうためには、できるだけ具体的に内容を示すとよいでしょう。

神前式より古い歴史を持つ家族式がルーツなんだよ

・人前式が解説されている本を見せて、歴史的に由緒あるスタイルだと理解してもらう。
・式次第や誓いの言葉を確認してもらう。
・雑誌の写真などでイメージをつかんでもらう。
・「今の流行だから」「自分らしさが出せるから」という言い方では、ワガママに聞こえます。

一般的な進行
司会者は結婚式が始まることを宣言します
ふたりがどうして人前式を選んだかなども説明
①入場
新婦は新婦父とともに歩いて入場
または新郎新婦がふたりで入場することも

誓いの言葉のアイデア

誓いの言葉はふたりで作ります。自分たちの強い決意を自分たちらしい言葉で表現し、列席の方に向けて堂々と宣言しましょう。

②誓いの言葉
新郎新婦による誓いの言葉

〈ふたりが別々に宣言する場合〉

本日、私川本裕太は、ご列席の皆様の立ち会いのもと、桜木佳代さんと新しい家庭を築きます。ふたりが出会えた奇跡に感謝し、生涯をかけて今まで以上に幸せにすることを誓います。

私、桜木佳代は、ご列席の皆様の立ち会いのもと、川本裕太さんの妻となります。これからはどのような困難にぶつかっても尊敬と思いやりの心を忘れず、愛情あふれる温かい家庭を築いていくことを誓います。

〈ふたりで宣言する場合〉

本日、私たちはご列席の皆様の前で夫婦になることを宣言いたします。
これまで育ててくれた両親、そして見守ってくださった全ての方に感謝し、これからは、互いを思いやる気持ちや感謝しあえる夫婦となるよう協力して温かい家庭を築いていくことを誓います。　○年○月○日
夫川本裕太
妻桜木佳代

〈裏ワザ〉
挙式当日は緊張していて、誓いの言葉を忘れてしまいがち。紙に書いて読み上げるのは恥ずかしいことではありません。
キレイな厚紙などに印刷して、持って読み上げるようにすれば失敗が防げます。

署名のかわりに、婚姻届に署名してもOK。その場合は証人の欄（男性側・女性側1名ずつ）にも署名してもらって。両家の親や親友がベスト。

③結婚の宣言
司会者はふたりの結婚が成立したことを宣言。列席者は拍手で承認、祝福
④指輪の交換
誓いのキスをする場合はこのときに
⑤署名
結婚宣言書や婚姻届に新郎新婦が署名
⑥退場
祝福を受けながら退場

結婚式のスタイル④ その他の挙式

The Style of the Wedding IV – Other Styles of the Wedding –

海外挙式

ハワイやオーストラリアのプロテスタントの教会、ヨーロッパの古城などで挙げる海外挙式。新婚旅行を兼ねるカップルが多いようです。

ハワイ!?

リゾート挙式

北海道や沖縄、軽井沢などが人気。大自然の中で愛を誓う人前式スタイルや、由緒ある教会で行う場合が多いようです。リゾートホテル内での挙式も人気があります。

何もそんなところでやらなくても…
初めてデートに行った、思い出の場所で挙げたいんです
親戚へのあいさつはどうするんだ
初めてのデートがハワイ？なまいきな 聞いてないし
披露宴は挙式とは別に地元で行いたいです
○○おばさんと△△おじさんには、交通費を負担して式にも来ていただけたらと思ってるの
ハワイってとこはやっぱり飛行機で行くのかい？
まぁ…それなら……

〈親に反対されたら〉

地元を離れた場所での挙式は、不安に思う親も多いようです。時間をかけて、ゆっくりと説得することを基本に、譲れるところは譲るようにすると安心してもらえます。

オリジナル挙式

水族館や美術館、スタジアムなどで行う人前式スタイルの挙式。奇をてらうのではなく、どちらかの仕事や趣味に関係がある、ふたりのデートの思い出の場所…など、しっかりした理由がある方が、周囲の理解を得やすいです。

こんなところに注意！

挙式用のスペースではない分、控え室がなかったり、衣裳などをすべて自分たちで手配しなくてはならないなどのデメリットがあります。

仏式挙式

お寺の子どもが結婚する場合に選ばれることが多いスタイル。夫婦となることを、神ではなくご先祖様や仏様に誓います。挙式は菩提寺で挙げることが一般的です。

こんなところに注意！

ホテルや専門式場で行う場合は、広間スペースなどを利用することもあります。仏式スタイルを行う会場は少ないので、早めに問い合わせを。


〈列席をお願いした場合のご祝儀は？〉

ご祝儀は遠慮した方がよいでしょう。ご祝儀を遠慮するかわりに、交通費や宿泊費は参加者に負担してもらう、という場合でも、事前にきちんと伝えておくことが必要です。

また挙式後にレストランでパーティを行う場合でも、費用はふたりで出すつもりで。


〈衣裳、ヘアメイクは〉

プロデュース会社を介さない場合、衣裳の手配はすべて自分たちで行います。ヘアメイクは挙式場に問い合わせると紹介してくれることもあります。

〈親孝行を兼ねて〉
親のみが出席する場合は、「一族のお近づきの旅行」と考えては。ふたりがツアーコンダクターになったつもりで、海外なら観光スポットの案内を、国内なら近くの温泉旅館などを手配しておもてなししましょう。

披露宴とは…

ふたりが夫婦になる儀式が「結婚式」。晴れて夫婦となったふたりのお披露目をする場が「披露宴」です。親族をはじめ、親しい人々に結婚の報告を行い、末永いお付き合いをお願いするために催す宴です。

〈新郎新婦はホスト役〉

披露宴は自分たち（新郎新婦）が主役でもありますが、来てくれる人をお招きするホスト役でもあります。感謝の気持ちをもって、おもてなしの心を忘れずに。

引き出物はカエルグッズがいいよね。今、人気あるもんね
だめだめ。年配の方も多いんだから。かんべんして

〈客層と人数から絞り込んでいく〉

親族と親しい友人だけの小じんまりとしたパーティにしたいね！
合わせて40人ぐらいかな
少人数で披露宴ができる会場はどこだろう？
wedding

客層：親族と親しい友人
人数：40人くらい

会社でお世話になっている人はぜひ招待したいし…
なるべく多くの人に祝ってほしいね
ふたりの親族、友人、仕事関係者を合わせると100人くらいかな
もっと増えるかもね
この客層と人数にぴったりの会場はどこだろう
wedding

客層：親族、仕事関係、友人
人数：100人くらい

一般的な流れ

結婚式↓披露宴↓2次会が主流。挙式のみで披露宴をしない、披露宴のみで挙式をしない、2次会は行わないなど、考え方により流れは異なります。

会場選びのコツ

何も決めていない状態で何軒もの会場を見に行っても、迷ってしまうだけでなかなか選べません。

1. 招待客の大まかな人数や予算、どんな人を呼ぶのかなど、ある程度の規模を決めておく。
2. 自分たちが行いたい披露宴の予算を固めておく。それを会場の担当者にきちんと伝えられるようにしておくこと。
3. 披露宴会場以外の場所で挙式をする場合は、挙式会場と披露宴会場のアクセスにも留意。交通の便が悪い場合は、移動手段の手配をする心づかいを。

イメージがなかなか浮かばないときは…

ふたりで少しずつアイデアや意見を出し合うのが効果的。まずはお互いを否定せず、出会いや思い出、共通の趣味、こだわりたいこと、嫌なことなど、キーワードだけでもいいので、箇条書きにしてみましょう。ふたりが作り上げたい披露宴のヒントがあるはずです。

アットホームな感じがいいな
厳かな感じ
花をいっぱい飾りたい
あんまり派手なのは恥ずかしい

〈披露宴のイメージを固めていく〉

ふたりの出会いのきっかけになったカエルチョコにちなんだ披露宴がしたいな
うーん、どういう場所がふさわしいかな
カエルランドとかは?! もしくは
カエル商事系列のホテルとか!

会場決定までの流れ

1 気になる会場をピックアップ。資料請求などして、パンフレットを見比べ、ある程度の件数まで絞り込む。

わたるさん忙しそうだから、会場の候補、絞り込んでおいたわ
ありがとう…だいぶ絞り込んだんだね…

情報収集は…

情報誌やインターネットが便利。また、時間がないなどの理由でプロの手を借りる場合は、ブライダルプロデュース会社に相談を。料金は発生しますが、正式申し込みまでの相談は無料のケースも。

ブライダルプロデュース会社って？

旅行に行くときの「旅行代理店」のような存在。ウエディングプランナーと呼ばれるスタッフが、結婚式、披露宴の会場選びから、招待状、引き出物の手配に至るまで、ウエディングのあらゆる準備をサポートしてくれます。

2 会場見学の問い合わせ。

もしもし

披露宴が入っている場合は見学できないスペースが多くなります。土日祝日はとくに注意。

3 会場を見学。

披露宴会場だけでなく、挙式スペースや控え室、トイレなども必ず見学してチェック。

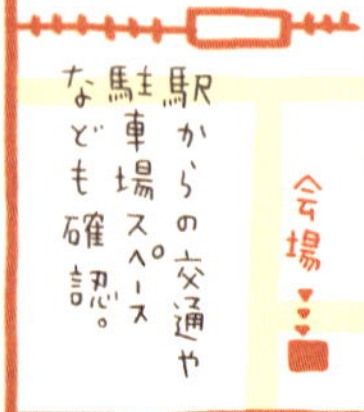
駅
会場

駅からの交通や駐車場スペースなども確認。

4 スタッフに疑問点を質問。

料理の内容や持ち込み料、会場で手配してくれるもの、自分で手配しなければならないものなどの確認。

アットホームだけど厳かなイメージ
飾りつけは華やかだけど派手じゃないものに…

会場のスタッフには、遠慮せずに何でも尋ねましょう。ワガママかな？と思うことでも、とりあえず希望は伝えてみて。

5 見積書の作成を依頼。

比較検討したい場合は、できるだけ同じ条件にして見積ると比較しやすい。

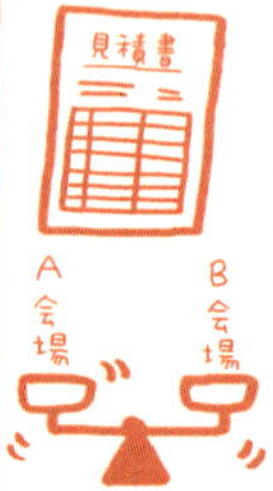
見積書
A会場
B会場

6 日取りを確認。

春、秋の土日は人気が高いので、早めに予約を。仮予約を入れられる場合、1週間くらいの期間であれば、予約金・キャンセル料は発生しない。会場によってシステムが違うので、仮予約時に確認。

7 会場を決定し、申し込み書をかわす。

申込み金が必要な場合は支払い。この後のキャンセルはキャンセル料が発生するので、申込規定をよく確認。

ウエディング会場いろいろ

専門式場 ウエディングを専門に行う式場です。ウエディング事情に明るく、設備も整っています。衣裳やヘアメイク、ブーケなどの手配も簡単です。小規模〜大規模まで対応できます。

ホテル 格調の高いウエディングができます。設備や装備などの充実度・高級感はホテルならでは。遠方からのゲストの宿泊手配をする場合も便利です。比較的大規模のウエディングに向いています。

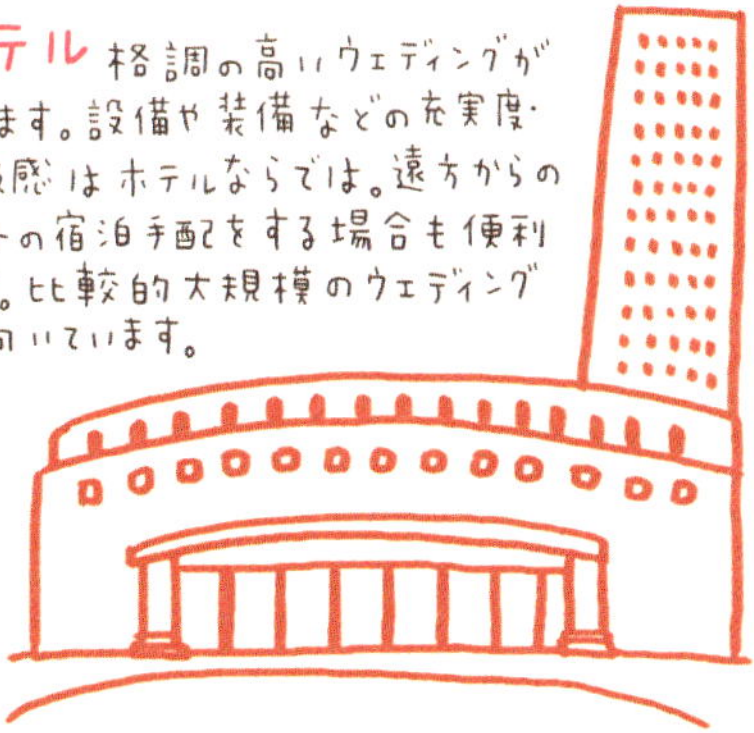

レストラン ウエディングに対応してくれるレストランも多くあります。何といっても料理がおいしいことが最大のメリット。100名以下の会場が主流なので、小規模でアットホームなウエディング向きです。

ゲストハウス 一軒家の洋館やゲストハウスを貸し切って行うパーティ風の披露宴。一軒家を、庭も含めてすべて自分たちだけで使える贅沢さが魅力です。

〈レストランやゲストハウスでウエディングをする場合〉
アットホームな雰囲気を重視し過ぎると、場がくだけ過ぎてしまうことも。また、親や親戚の中にはこれらのウエディングを突飛なものだととらえる人もいるので、事前にきちんと説明することも必要。

〈親や親戚を説得するには…〉
賛成してくれないのは、「レストランやゲストハウスでのウエディングがどんなものなのか想像できない」という理由が多いようです。ここでウエディングをしたい！とふたりで決めたなら、親や親戚と実際に足を運んでみることが一番です。一緒に食事をして、親や親戚に気に入ってもらうのも手。両家の食事会（→P30）をするのもいいアイデア。

披露宴の招待客のリストアップ

Listing the Names of the Guests

披露宴会場選びと並行して進めたいのが、招待客のリストアップ。顔ぶれが決まれば披露宴のスタイルが決めやすく、また人数を決めないと会場そのものも決めにくいのです。

リストアップのコツ①

招待したい人を3つのカテゴリーに分ける

A 主賓として招待する人

上司

B 必ず招待するべき人

高校時代友人
職場仲良し先輩トリオ

C できれば招待したい人

職場先輩
中学時代友人

主賓を設けない場合は、BとCのみでOK。
人数を調整したい場合は、Cの「できれば招待したい人」を、さらに分けて考える。

悩むなー
悩むよー

リストアップのコツ②

客層のメインを決める。

親族、職場、友人など、招待客全体のメインとなる客層を決めると、その他のゲストもおのずと決めやすくなります。

〈親族がメイン〉
両家の親とよく話し合って招待客を選ぶ。

〈職場関係がメイン〉
先に結婚した先輩の招待客が参考になる。

〈友人がメイン〉
大学・高校・中学や社会人など、どの時代の友人を中心に呼ぶかを決めれば、2次会との割り振りがしやすくなる。

人数がオーバーしそうなら

周囲の人との親しさで選択するのも一案。披露宴当日は、新郎新婦がひとり一人に細やかなフォローはしにくいもの。ひとりで参加する人には、くだけた雰囲気の2次会に来てもらうという割り切りも大切な心づかいです。

わたしのリスト、人数多すぎた？

両家のバランスは？

以前は男性：女性が、6：4か7：3、などといわれていましたが、最近はあまり気にしない人が増えているのも事実。

あまりにバランスが悪くて気になる場合は、友人卓をまとめてしまえば目立つこともありません。

〈両家が披露宴の資金を援助する場合は〉
どちらか一方の招待客が多くなった場合、披露宴の費用は人数で頭割りにするのがベター。

招待したい人に参加しにくい事情がある

リカちゃん、結婚するんだ。遠いし、チビもいてちょっと大変だけど…頑張るか

遠方からの参加や、妊娠中、乳幼児がいるなど、呼びたい相手が参加しにくいケースも。そんな場合は、リストアップした時点で、電話などでそれとなく相手の意向を確認します。招待することでかえって相手に負担をかけるようなら、「ぜひ来て欲しいけど、かえってご迷惑だと思うから、また改めて機会を設けさせて」という心づかいも必要。

遠方からの出席者がいる場合

宿泊施設の手配が必要かどうかを確認。人によって前泊／後泊と宿泊日が変わることがあります。

一般的なのは…

主賓、来賓クラスは交通費、宿泊費をすべてこちらで受け持つ。親族や友人が遠方から来る場合は、宿泊費か交通費のいずれかを負担する。※ただし「お互いさま」という場合もあるので、親や周りの人に確認を。

リストの最終チェック！

だいたいのリストアップが終わったら、パートナー同士で、お互いのリストを交換しあい、客観的にチェック。また親や職場の先輩などにも確認してもらいます。招待もれは一番失礼なことなので、なるべく早めにチェックしておきます。

ちょうどいいよ

主賓あいさつ、乾杯、スピーチの依頼

Asking Someone to Make a Speech at a Wedding Reception

僕たちは職場結婚だし、主賓は部長になるのかなー
じゃあ、乾杯は課長？
じゃあ、スピーチは職場の人はひとりにして、あとはそれぞれ友人ひとりずつにする？

主賓

招待客が決まったら、主賓となる人を両家から各1～2名決めます。会社の上司、学生時代の恩師など。親族が中心の披露宴なら、一族の中から選んだり、本家の人が主賓となることも。主賓には乾杯前に祝辞をいただきます。

最近では主賓をたてない披露宴も。

乾杯

すべての招待客の中から1名、乾杯の音頭をとってくれる人を選びます。

一般的には男性側から出ることが多いもの。新郎新婦と面識があり、近しい存在であるのが自然。

スピーチ（祝辞）

両家、新郎新婦の友人からそれぞれ1～2名。あまり多くなると、スピーチばかりの披露宴になってしまうので、全体時間を考えてお願いする人を選びます。人数が多くなりそうなときは、個人にお願いするのではなく、仲のよいグループ単位にしてしまうのも手。

- 主賓以外の来賓（親族や職場関係など）
- 新郎新婦の友人など。

どんなに仲がよくても、引っ込み思案であがり症の人にお願いするのは、かえって相手の負担となるので気をつけて。

何人かにお願いする場合は話の内容が重ならないように、話してほしいことを伝えておきます。

職場担当
学生時代担当

お願いの時期と方法

まずは直接口頭でお願いを。直接会う機会が少なければ、電話などで打診をしておきます。その後、改めて招待状の中にお願い状を同封するのが一般的。年度末の異動時期には、上司が変わることもあるので注意します。

目上の方に主賓、またはスピーチを依頼する場合

主賓なのかスピーチなのか、最初にきちんと伝えておくと失礼がありません。

来賓のスピーチ

「披露宴の最中に、ぜひお祝いのスピーチをいただければありがたいのですが…」

スピーチをお願いすることをはっきり伝えて、相手に心の準備をしてもらいます。

友人のスピーチ

「わたしの親友である○子に披露宴でスピーチをしてもらいたいんだけど、お願いできるかな？」


いずれにしても、スピーチの時間の目安、何番目に話してもらうのか、人によってはどんなことを話して欲しいのかを伝えます。

また、あいさつ・スピーチは相手に面倒な思いをさせてしまいます。「来ていただくだけでありがたいのに、さらにお願いをして申し訳ありませんが」という一言を忘れずに。

お願い状の文面例

恐れ入りますが
当日披露宴では、
乾杯のごあいさつをしていただきたく
（スピーチをしていただきたく）
（主賓としてご祝辞を賜りますよう）
よろしくお願い申し上げます。

お礼は？

- 主賓、来賓の人のスピーチには披露宴当日に「お車代」としてお礼を渡すのが一般的→P123
- 友人のスピーチへはまずは口頭で、感謝の気持ちを伝えることが大切です。スピーチに対する批評などは絶対にNG。

ブライダルスタッフの依頼

Asking Someone to Work as a Bridal Staff

披露宴当日の新郎新婦をサポートするブライダルスタッフ。プロ、親戚、友人など、披露宴の盛り上げ役や、縁の下の力持ちとして活躍してくれる人たちです。

いつ頃頼む？

知人に依頼するものは、招待状を発送する前が一般的。電話、または直接会ってお願いします。依頼後は、必要に応じて事前に打ち合わせを。

司会者（1名。プロに頼むのが一般的）

友人などに依頼しても失礼にあたりませんが、大規模な披露宴の場合にはプロに依頼するのが無難。

・打ち合わせのコツ

「大げさな美辞麗句は避けてほしい」「年齢は言わないでほしい」などの要望はしっかり伝えて。また必ず言ってほしいことやNGワードがあるときも必ず伝えておきます。またふたりのプロフィール、スピーチをしてくれる人のフルネーム（フリガナ付き）なども持参します。

友人に司会依頼する場合

〈メリット〉
- 親身になって相談にのってくれる
- 司会料が不要（お礼金はきちんと支払うこと）
- 招待客も温く見守ってくれる、アットホームな雰囲気の披露宴になる

〈デメリット〉
- 友人自身は招待客として披露宴を楽しめない。
- 緊張感が出てしまったり、逆にくだけすぎることも。厳しい要求や注文もつけづらい。
- 突発的なトラブルがあったときでも、臨機応変な対応は期待できない。

アテンド（介添え）（1名。プロに頼むのが一般的）

主に、披露宴当日の新婦の身の回りの世話をするスタッフ（女性）。ふだん着慣れないドレスや着物などでの美しい立ち居振るまいには、アテンドの協力が不可欠。ロビーや庭などで記念写真を撮りたい場合は、事前に伝えて同行してもらうようにします。

「のどが乾いた」、「トイレに行きたい」、「手袋を落としてしまった」など、披露宴中は自分から動くのではなく、目配せしてアテンドを呼ぶとスマート。

カメラマン（カメラ、ビデオカメラ各1名）

一生の記念なので、プロに頼む新郎新婦が多いようです。事前に披露宴の進行表などを渡して、しっかり打ち合わせを。

・打ち合わせのコツ

披露宴中はほとんどカメラマンと話すことができないので、事前にしっかり要望を伝えておくこと。披露宴の進行表と席次レイアウトのコピーをつくり、「ここの写真は絶対撮ってほしい」「この人にプレゼントを渡します」など、はずせないポイントを書きこんで渡しておくのがベスト。

受付係

（新郎新婦の友人からそれぞれ2名ずつが目安）

披露宴会場の入り口で、招待客を迎えてご祝儀を預かる人。芳名帳の記帳をお願いしたり、席次表を渡す役でもあります。
明るくて責任感の強い人が適任。また、他の人に比べて集合時間がだいぶ早くなるので、遠方の人よりも会場に近い人を選ぶ心づかいを。

受付は、大学時代のサークル仲間の○子と○美に頼もう。ふたりとも仲良しだしね！
しっかり者の○子と○美に、ぜひ受付をお願いしたいんだけど、いいかな？
まかせて！

おばさん、披露宴の
ご祝儀を管理
する係をお願いでき
ませんか？
桜木家では佳代の
おばさんにお願い
するそうです
引き受けて
もらえますか？
ありがとう
ございます

ご祝儀管理係

（両家1名ずつが目安）

披露宴の最中にご祝儀を預って管理する人。親はあいさつやだしものなどで席を離れることも多いので、（新郎新婦の）兄弟姉妹やおじ、おばなどの近い親族にお願いします。

余興

（新郎新婦から1〜2組）

お色直しで中座しているときや、歓談中に余興をしてくれる人。プロの生演奏やマジシャンを入れるケースも。

余興は
少なくていいよな。
山下に、ギター弾い
てもらおうよ
山下くん、
ギター上手
だもんね

2次会の幹事

友人（新郎新婦から1〜2名ずつ）

→P58

最近は2次会専門のプロデュース会社もあるので、幹事に負担をかけたくないときは利用するのも手。

お礼の目安

知人やプロのスタッフに渡す心付けの金額の目安は…

→P123

2次会の準備をする

The Preparation for the Second Party

友人や会社の同僚など、人数の関係で披露宴に呼べなかった人を中心に開催するのが2次会。披露宴よりも、ぐっとくだけた雰囲気のパーティです。披露宴と同じ日に開催するのが一般的なので、披露宴に参加した親しい友人も招きます。

幹事をお願いする

2次会は親しい友人に幹事役をお願いし、取り仕切ってもらうのが一般的。ひとりだと負担が大きいので、ふたり以上に依頼します。

先輩に2次会の幹事お願いしたいんですが…
もちろんOKよ!
2次会の幹事お願いしてもいい?
おう!
まかせとけ!

新郎新婦が必ず決めなければならないのは会費・予算と招待客。幹事とは打ち合わせをして、余興についてなどリクエストがあれば事前に伝えておきます。

予算は?

2次会は会費制とするのが一般的。招待客の負担があまり大きくならないように、会費は5000円～1万円くらいにまとめて。

会費でまかなうもの

招待客の飲食代、ゲームを行う場合の景品代など。

新郎新婦が負担するもの

最後にギフトを渡す場合は、新郎新婦が負担する。

会場

・挙式・披露宴会場に近いレストランやバー
・挙式・披露宴を行ったホテル内のレストラン
・レストランやバー
・パーティスペース
・クラブやライブハウス

スペースを貸し切りにでき、マイクなどの音響設備があるところが○。披露宴会場から移動しやすいかどうかも重要。人数の増減があるので、柔軟な対応をしてくれるところを。

案内状は?

だいたい披露宴の2～2.5か月前くらいを目安に、往復はがきで送付。披露宴に招待する人には、招待状に同封するという方法でもOKです。

誰を呼ぶ?

・友人
・年齢の近い親戚
・会社の同僚

幹事の仕事

準備は
1. 新郎新婦と2次会の会場や予算を決めたり、余興の相談にのる
2. 招待状の発送、出欠の取りまとめ
3. 余興を行う場合は、その企画・準備をする。ゲームの景品なども購入。ときには新郎新婦に内緒でサプライズ演出を考えてくれることも…

当日は
1. 出席のチェック
2. 会費の取りまとめ
3. 場合によっては司会役をつとめる
4. 余興を行う場合は進行管理
5. 会場スタッフとの橋渡し役
6. 招待客全員が楽しめるよう、新郎新婦とともに気を配る
7. 招待客を送り出す

夫婦になって2度目の共同作業です

新郎新婦の服装は？

女性はドレス、ワンピース、着物、男性はジャケットなど、参加してくれている人に失礼がないような服装でお迎えします。盛装のドレス姿OKの会場も多いので、事前に確認してみて。

幹事へのお礼は？

3千～5千円くらいの商品券などを渡します。または後日、食事に招待する・記念品を渡すなどして感謝の気持ちを表しましょう。幹事からは会費を徴収しない、という気づかいも。

招待状を出す① 発送の時期とマナー

When and How to Send the Invitation

事前に出欠の確認をする

披露宴の招待客が決まったら、招待状を作って送ります。招待客には招待状を出す前に、電話などで出席の打診をしておきます。住所、肩書きの確認も忘れずに。仕事関係の人には、自宅ではなく職場へ出します。

いつ頃出す？

披露宴の2～2.5か月前を目安に発送。縁起を気にする人も多いので、先方への到着がお盆、正月やお彼岸にならないよう注意します。遅くとも2か月前には先方に到着するように。ただし、おめでた婚や転勤などの事情で、急に披露宴を行うことになった場合はこの限りではありません。

すでに籍を入れている場合でも旧姓を表記するのが一般的。または「立花 花（旧姓 松本）」

差出し人は？

新郎新婦が中心となって披露宴を行う場合は、ふたりの連名で出すのが主流。結婚は「家と家とを結び付けるもの」という考え方から、新郎新婦の父親、または母親が差出し人となることもあります。両家と本人の連名にしてもOKです。会費制のパーティをする場合は、新郎新婦の他に幹事の名前を入れることもあります。

主賓へは？

恩師や上司など主賓クラスへは、できれば手渡しがていねいです。

時間がなかったり、遠方であったりして郵送する場合は「本来はおうかがいしてお願いをするところなのですが」と電話で一言添えて。

出し忘れたときは…

正直に言う必要はありません。

「急なお願いで
本当に恐縮ですが」

と電話で出欠を確認し、招待状を送付しましょう。

返事が来ないときは?

締め切りが過ぎても返事がこない場合は

「招待状、届きましたか?」

と確認をします。郵便事故の可能性もあるので、「返事がきていないんだけど」と催促するのは避けて。

相手が喪中のとき

招待したい相手が喪に服している場合でも、慶事へ招待することは失礼にあたりません。出席するかどうかは相手が決めること。ただし、悲しみの時期からあまりに近い場合は「こんなときにご招待するのも心苦しいのですが」とお悔やみを添えて。

異性の友人は?

仲がよくても異性の友人は招待しないのが一般的。最近では気にしないというカップルも増えていますが、まずは婚約者や親の意見を聞いてみて。2次会であれば、気にしなくてもOK。

妬くわけないじゃんっ
妬いてる?

男友だち呼ぶの反対?

招待状の発送スケジュール

- **5か月前〜**
  招待客をリストアップ
- **4か月前〜**
  招待状を作成
- **3か月前〜**
  招待客に電話で出欠を打診
  (人数をある程度確定)
- **2.5〜2か月前**
  宛名書き・発送
- **1.5〜1か月前**
  出欠確認・人数確認
- **1か月前**
  返事がない人へ連絡

宛名書きについて

〈パソコンの宛名印刷で自作〉
安く簡単にでき、オリジナリティを出せます。カジュアルな印象になりすぎないよう注意。

〈式場や専門の業者に委託〉
自作より高くつきますが、手間が少なくクオリティの高いものができます。新郎新婦は好きなデザインのものを選び、招待客のリストを作って渡します。

〈毛筆の手書き〉
もっとも格が高いのがコレ。代行筆耕をお願いする人がほとんどで、値段は一通三百円前後。すべての招待客でなくとも、主賓、来賓クラスへは手書きの筆文字で出すとていねいです。シルバーセンターなどは比較的割安。

招待状を出す② 文面と同封するもの

The Contents of the Invitation and the Enclosures

招待状の文面

誰を差出し人にするか、招待客の客層はどうかによっても文面は変わるので注意します。

句読点は「区切る」"別れる"を意味するので、使わないように！

文章を区切る場合は一文字あけます。

新郎新婦本人が差出し人の文例

謹啓　早春の候　皆様方におかれましては
ますますご清祥のこととお喜び申し上げます
さて　このたび　私たちは○月○日に婚約し
結婚式をあげることになりました
つきましては　幾久しくご厚情を賜りたく
披露宴をかねた小宴を催したく存じます
御多用中　誠に恐縮ではございますが
ぜひお越しいただけますよう
謹んでお願い申し上げます
謹白

平成○年○月吉日
立花　わたる
松本　花

日時
平成○年○月○日　午前○時　開宴
場所
○○ホテル○○の間

※恐縮ですが　ご出席のご都合を○月○日までに
同封の返信ハガキでお知らせくださいますよう
お願い申し上げます

友人が多い場合は、自分たちらしさが伝わる一文を加えても。
「私たちをここまで導いてくださいました
皆様に見守られながら　新しい人生を
スタートできれば幸いです」

本人が差出し人の場合は、節度を守れば、それほど固い文章でなくてもOK。

新郎新婦の親が差出し人の文例

謹啓　早春の候　皆様方におかれましては
ますますご清祥のこととお喜び申しあげます
さて　このたび　○○○○様ご夫妻の御媒酌により
立花常男　長男　わたる
松本信彦　長女　花
の婚約が相整い　結婚式をあげることとなりました
つきましては幾久しくご厚情を賜りたく　結婚式
も御臨席を賜りますよう謹んでご案内申し上げます
またささやかではございますが　式後に小宴を
催したく存じます
ご多用中　誠に恐縮ではございますが　あわせて
御臨席いただけますよう謹んでお願い申し上げます
謹白

親が差出し人の場合は、節度と儀礼を重んじた形式的な文章にするのが一般的。

招待状に入れるもの

披露宴会場への地図

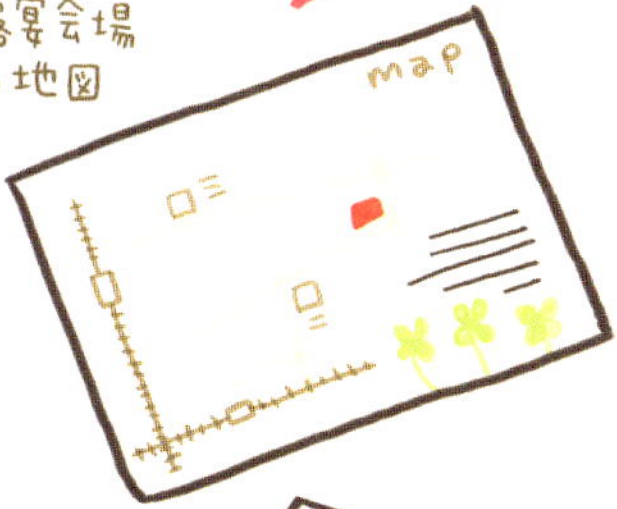
map

招待状

invitation
Wedding Reception
2006.0.0
Wataru Tachibana
Hana Matsumoto

必要に応じて結婚式の列席案内
スピーチや余興、受付などの依頼

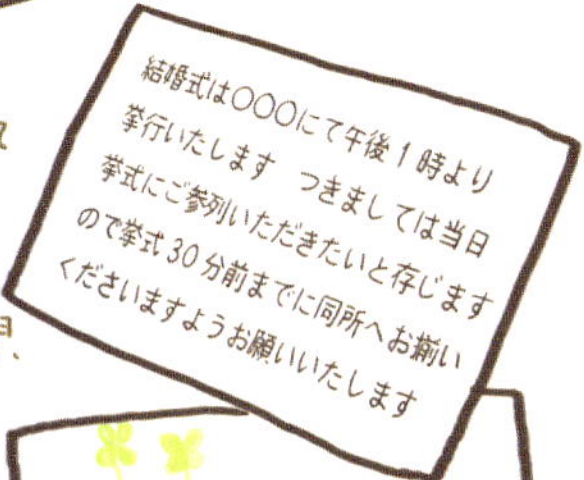
結婚式は○○○にて午後1時より
挙行いたします　つきましては当日
挙式にご参列いただきたいと存じます
ので挙式30分前までに同所へお揃い
くださいますようお願いいたします

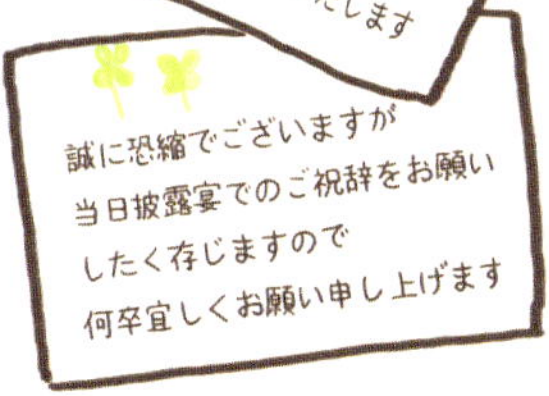
誠に恐縮でございますが
当日披露宴でのご祝辞をお願い
したく存じますので
何卒宜しくお願い申し上げます

□ご出席
□ご欠席
（どちらかを○でお囲みください）
ご住所
ご芳名

出欠確認用のはがき
（必ず返信切手を貼ること）

お食事のアレルギー有無という欄を設ける、というアイデアも。

「慶事用切手」でおめでたく！

郵便局で「慶事用」とお願いすれば、ほとんどのところで用意してくれます。50円はハトとハート、80円は「寿」の文字、90円は鶴。切手を買う前には総重量をはかっておくことを忘れずに。

新潟県の新発田郵便局では、「花嫁切手」を販売しています（通信販売可）

会場への地図や、祝辞などの依頼のカードは、披露宴会場で準備していることが多いもの。それらを利用したり、参考にするのもひとつの方法。まずは問い合わせてみて。

披露宴の席次①　席次のマナー

The Manner of the Precedence

席次の考え方

上座と下座

メインテーブルに向かって右が新婦側、左が新郎側。新郎新婦に近い席ほど上座になります。両親は一番末席に座るのが一般的。

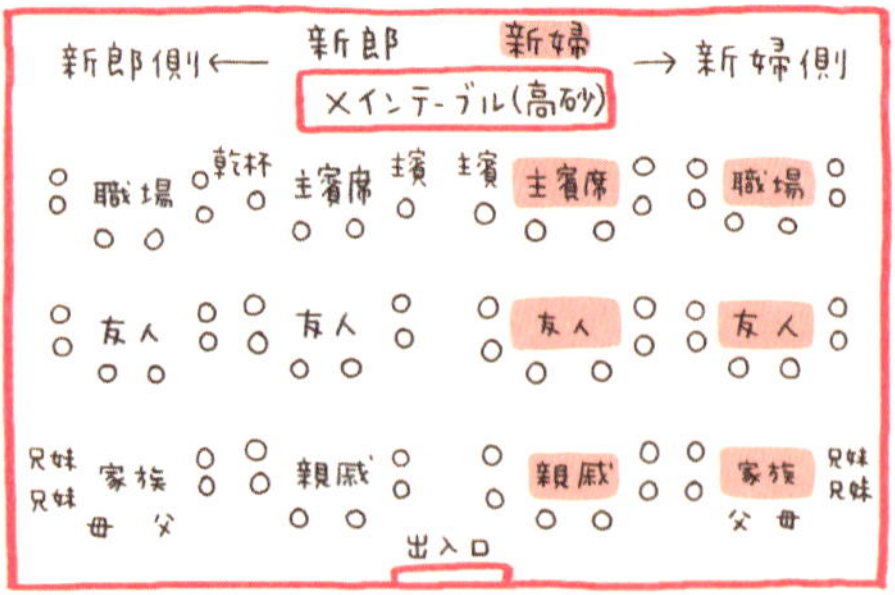

新郎側←
新郎
新婦
→新婦側
メインテーブル（高砂）
職場
乾杯
主賓席
挨拶
挨拶
主賓席
職場
友人
友人
友人
友人
兄妹
兄妹
家族
母
父
親戚
親戚
家族
兄妹
兄妹
父
母
出入口

親戚

関係が遠い順、年齢が上の順から上座となるのが一般的ですが、よく分からない場合は親と相談しながら決めて。

主賓・来賓の数が多い場合は

社会的立場も考慮に入れて、上下を慎重に決めます。ただし、席次の上下ばかりに気をとられると、両隣りが知らない人に……ということになりがちなので、臨機応変に対応して。

知っている人同士は

ある程度、知り合い同士で固めてしまったほうが招待客も気疲れしません。グループごとにふりわけて考えて。

半端な人数がいる！

丸テーブルなどで、中途半端に人が余ってしまった場合は、新郎側、新婦側の友人など、若い世代をひとまとめにしたテーブルを作っても。

特別な場合

祖父母など近しい間柄であっても、特別に前に入れたい人がいる場合は、真ん中ではなく端の席にすると目立ちません。プレゼント贈呈などで近くに行く方法を考えるのも手。

席次例

丸テーブル

一般的な丸テーブルは、どこの席にいてもメインテーブルが見やすい便利なタイプ。人数の増減にも対応しやすく、動きまわりやすいのが特徴。

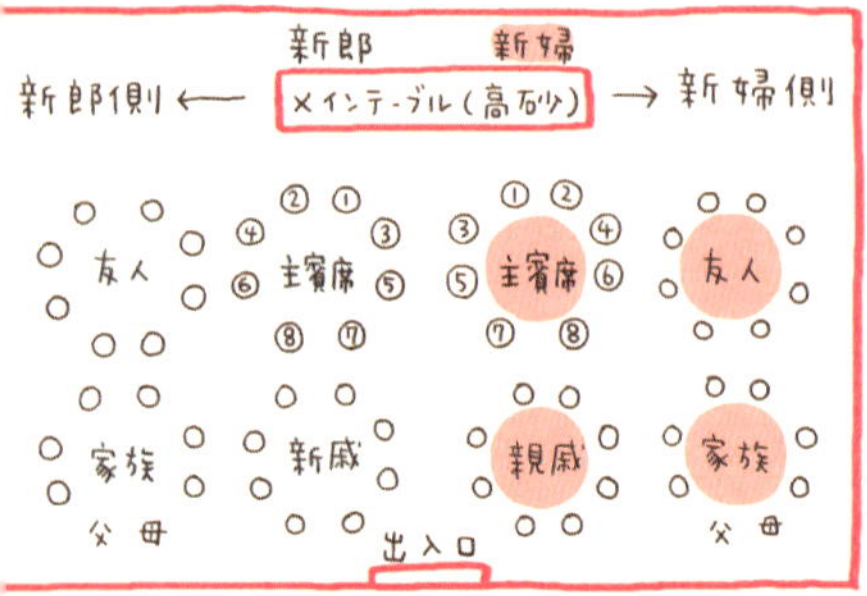

新郎
新婦
新郎側←
メインテーブル（高砂）
→新婦側
友人
主賓席
主賓席
友人
家族
親戚
親戚
家族
父
母
父
母
出入口

テーブルの上席は①〜⑧の順

長テーブル

メインテーブルに向かって、大きな長いテーブルが何列も垂直に配されたタイプ。格調が高く、丸テーブルに比べ、狭いスペースにより多くの人を入れることができます。

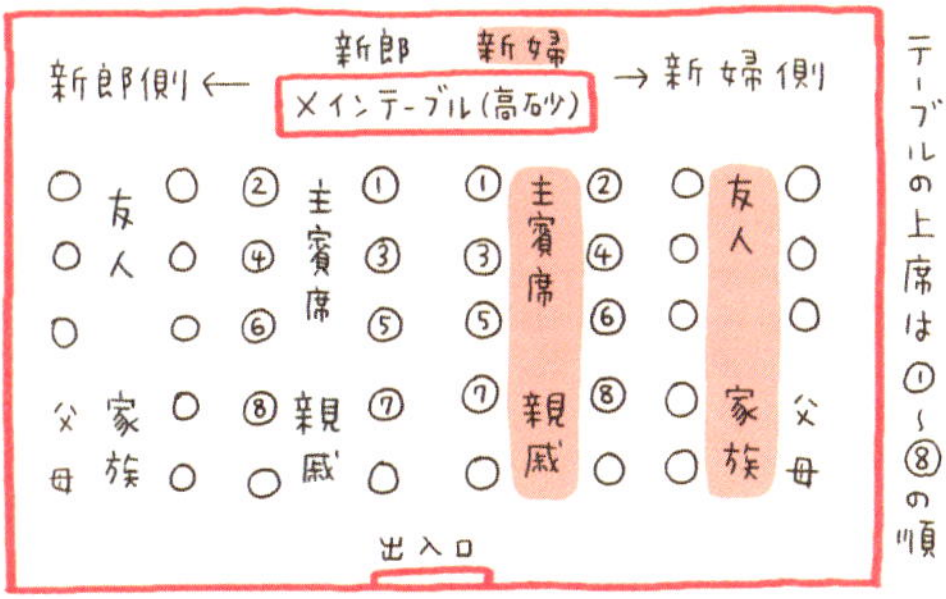

新郎 新婦
新郎側← →新婦側
メインテーブル(高砂)
友人
主賓席
家族
父母
親戚
主賓席
親戚
友人
家族
父母
出入口

テーブルの上席は①～⑧の順

ファミリーテーブル

メインテーブルの近くに、家族席を設ける欧米式のスタイル。家族を大切にしたいというカップルからの支持を得ています。

招待客の中には席次を気にする人もいるので、失礼にならないよう披露宴の初めに新郎新婦からきちんと説明を。

新しい席次のかたち
従来の上座・下座にとらわれず、招待客にも新郎新婦にも楽しい披露宴となるような席次を考えるカップルも増えてきました

ファミリーテーブル その1

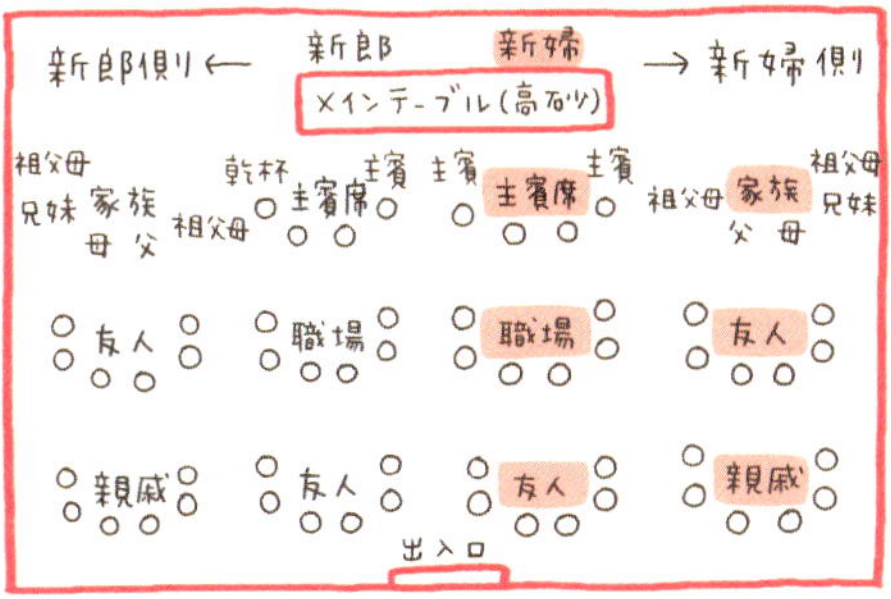

新郎 新婦
新郎側← →新婦側
メインテーブル(高砂)
祖父母 兄妹 家族 母 父
祖父母
乾杯
主賓席
主賓
主賓
主賓席
主賓
祖父母 家族 父 母
祖父母 兄妹
友人
職場
職場
友人
親戚
友人
友人
親戚
出入口

今日は、これまでお世話になった両親をはじめ親族の方にも、感謝の気持ちをこめて、ファミリーテーブルを設けました

ファミリーテーブル その2
(親族・友人中心の披露宴)

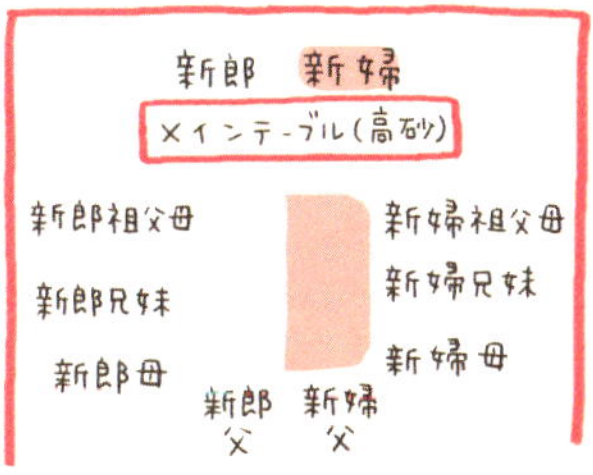

新郎 新婦
メインテーブル(高砂)
新郎祖父母
新郎兄妹
新郎母
新郎父
新婦父
新婦祖父母
新婦兄妹
新婦母

新郎新婦が客席で食事をする

招待客の席にも新郎新婦席を用意。食事をするときには客席に移るというスタイル。丸テーブルならファミリーテーブルに、長テーブルなら高砂の下の上座に座ります。

歓談タイムを設ける

食事が終わったあとに、席から離れて歓談する時間を設けます。新郎新婦と招待客がゆっくりと会話できます。

披露宴の席次② 席次表を作る

Making a Seating List

あー、私たちの席ここだね

席次表とは

披露宴会場の受付で一番最初に配る、招待客が自分の席を知るための案内表です。新郎新婦との関係がわかるようにしておくと、初対面の招待客同士でも話のきっかけが作りやすくなります。

肩書きはどこまで？

仕事関係の招待客がメインの場合は、会社名と役職を略さずに記載します。退職した上司なら「○○社 元専務」といった表記にします。

友人関係

どこまで書くかは本人次第。一番シンプルなのは、新郎友人・新婦友人という書き方。

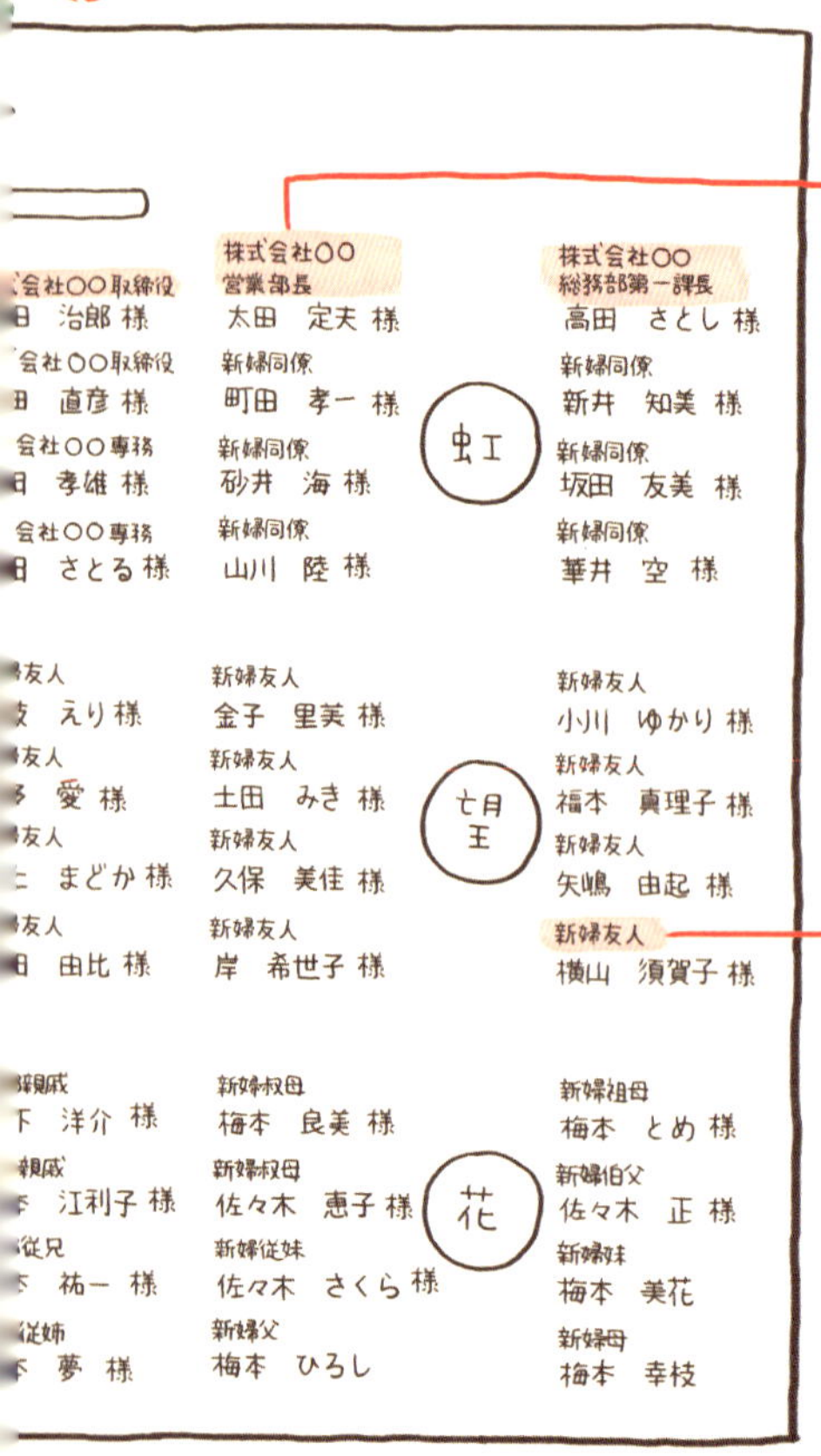
会社○○取締役
田 治郎 様
会社○○取締役
田 直彦 様
会社○○専務
田 孝雄 様
会社○○専務
田 さとる 様
株式会社○○
営業部長
太田 定夫 様
新婦同僚
町田 孝一 様
新婦同僚
砂井 海 様
新婦同僚
山川 陸 様
虹
株式会社○○
総務部第一課長
高田 さとし 様
新婦同僚
新井 知美 様
新婦同僚
坂田 友美 様
新婦同僚
華井 空 様
友人
えり 様
友人
愛 様
友人
まどか 様
友人
由比 様
新婦友人
金子 里美 様
新婦友人
土田 みき 様
新婦友人
久保 美佳 様
新婦友人
岸 希世子 様
望
新婦友人
小川 ゆかり 様
新婦友人
福本 真理子 様
新婦友人
矢嶋 由起 様
新婦友人
横山 須賀子 様
親戚
下 洋介 様
親戚
江利子 様
従兄
祐一 様
従姉
夢 様
新婦叔母
梅本 良美 様
新婦叔母
佐々木 恵子 様
新婦従妹
佐々木 さくら 様
新婦父
梅本 ひろし
花
新婦祖母
梅本 とめ 様
新婦伯父
佐々木 正 様
新婦妹
梅本 美花
新婦母
梅本 幸枝

席次表の印刷時期

急な出来事で招待客が突然来られなくなる場合もあるので、席次の印刷はできるだけぎりぎりまで待った方が安全。業者に依頼する、または自分たちで手作りします。

席次表手作りのアイデア
↓P87

注意すること

氏名の漢字に間違いがないか。

肩書きは間違ってないか

もれはないか。

間違えてないか？
大丈夫？

親族は

親・兄弟には「様」の敬称をつけないのが基本。これは、新郎新婦とともに、招待客をお招きしている立場、という考えによるものです。その他の親族には敬称をつけます。また兄弟姉妹であっても、結婚して姓が変わっている場合は敬称をつけるのが一般的。

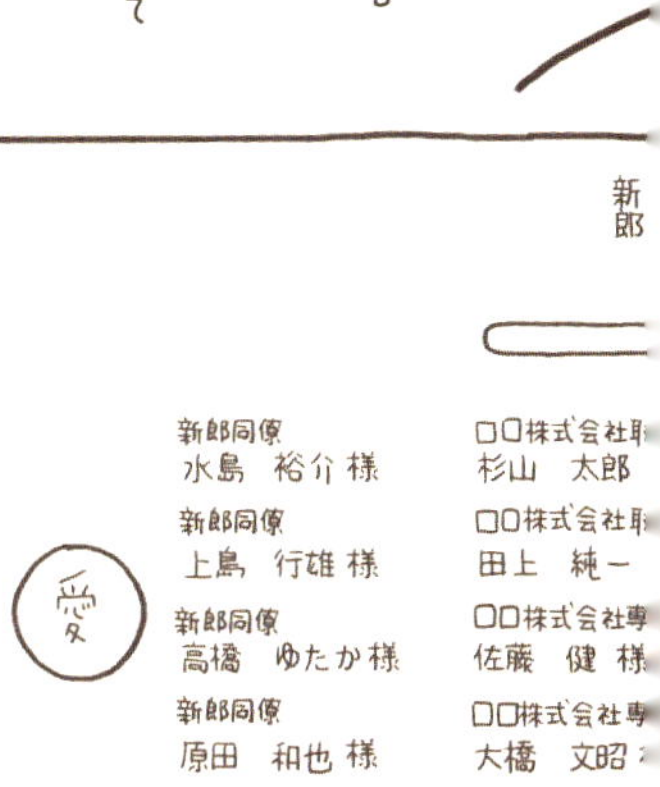
新郎
愛
新郎同僚
水島　裕介 様
新郎同僚
上島　行雄 様
新郎同僚
高橋　ゆたか 様
新郎同僚
原田　和也 様
□□株式会社
杉山　太郎
□□株式会社
田上　純一
□□株式会社
佐藤　健 様
□□株式会社
大橋　文昭

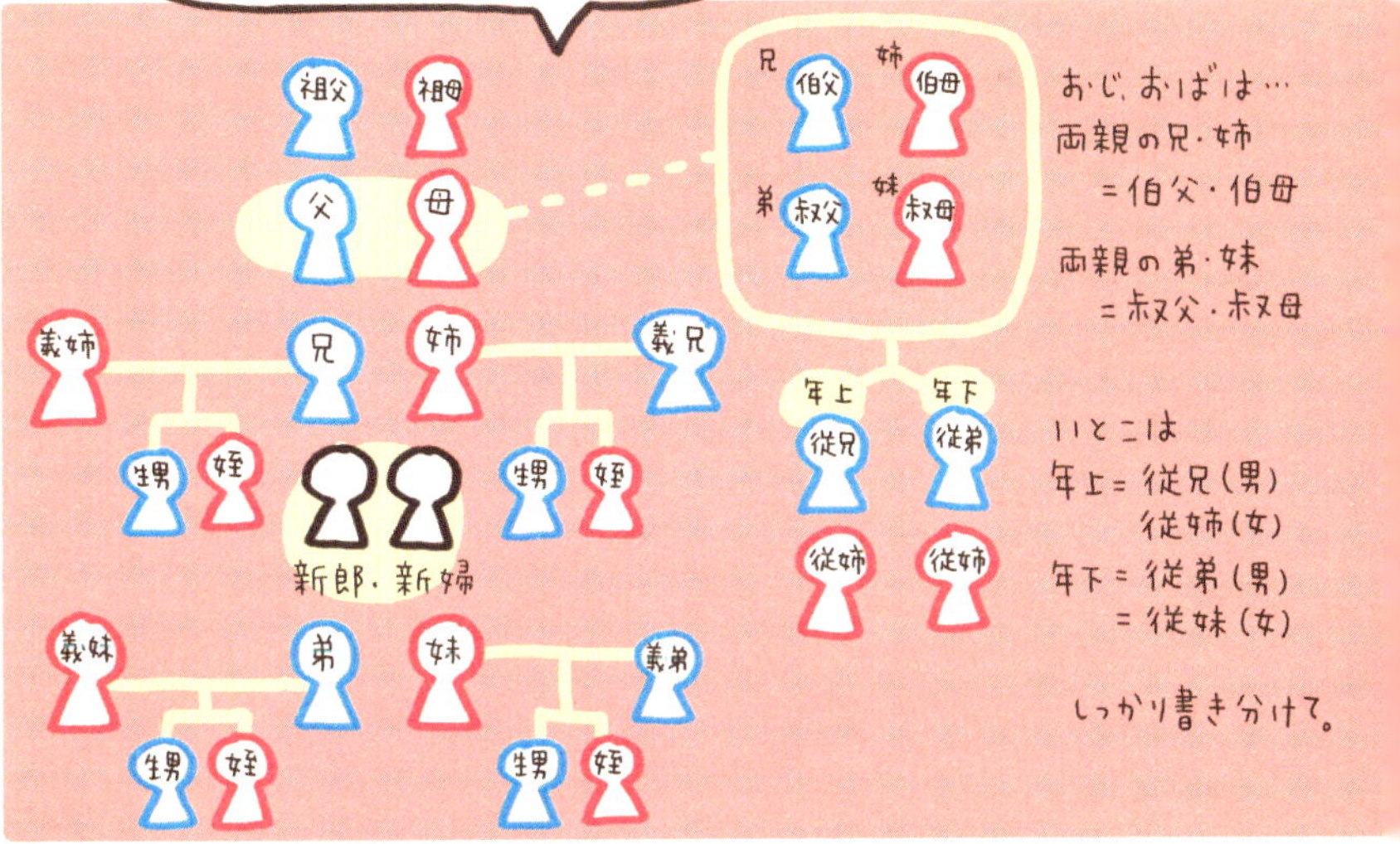
祖父
祖母
父
母
兄
伯父
姉
伯母
弟
叔父
妹
叔母
年上
年下
従兄
従弟
従姉
従姉
義姉
兄
姉
義兄
甥
姪
甥
姪
新郎・新婦
義妹
弟
妹
義弟
甥
姪
甥
姪
おじ、おばは…
両親の兄・姉
＝伯父・伯母
両親の弟・妹
＝叔父・叔母
いとこは
年上＝従兄（男）
従姉（女）
年下＝従弟（男）
＝従妹（女）
しっかり書き分けて。

披露宴の料理を決める

Setting the Menu of a Wedding Reception

料理の予算

招待客にとっての楽しみのひとつであり、満足度にも大きく影響するのが料理。できれば衣裳や装飾など、自分にかける費用よりも大切にしたいもの。披露宴の予算の中で、もっともウェイトが高いので他との予算のバランスを考えて。

料理の種類

和食

雅びやかな 会席料理が基本。格式を重んじる場合によく選ばれます。誰からも好まれやすいので、世代にばらつきがある場合も安心。

洋食

レストランウェディングで人気がある フレンチやイタリアン。素材の持ち味をいかした、あまり重くない料理が人気。

中華

大皿盛りにすると華やか。ドレスアップした招待客が取り分けるのは大変なので、サービススタッフが取り分けてくれるかを事前に確認します。ひとり一人にサービスするスタイルも。

創作料理

洋食の皿、和食の皿などを織りまぜながら作った創作料理。好みがわかれにくいので、招待客が多い場合にもよく選ばれます。

こんなとき、どうする？

コースの内容を変えたい

一品を交換したい、品数を増やしたいなどコースの内容変更は、比較的どの披露宴会場でも対応してくれます。メインの料理を豪華にする、和の食材を取り入れるといったことでも招待客の満足度が変わるので、いろいろと相談してみて。ただし、味付けそのものの変更は難しいようです。

アレルギーがある場合

招待客にアレルギーや食事制限がある場合は、事前に披露宴会場と相談を。少人数であれば、別の料理を出してくれる場合もあります。

高齢の方がいる場合

高齢の招待客がいる場合は、事前に披露宴会場に伝えておき、洋食の場合でもお箸を出す、お肉は切り分けてもらっておくなどの心配りを。

子どもが出席する場合

子どもが出席する場合は、その親に確認をしてお子さまランチを出すか、大人と同じ料理にするかを決めます。乳児の場合は、ベビーフードを新郎新婦と招待客のどちらが用意するのかも確認をしておきます。

料理を使った演出のアイデア

シェフの料理説明

乾杯の後にシェフの料理説明を入れると、料理への期待感が高まります。特にふたりがこだわった料理があるなら、シェフから紹介してもらって。

サービスパフォーマンス

ローストビーフやデザートなどをフランベして炎をあげるなど、招待客の間近で料理の仕上げをすると盛り上がります。可能かどうかは事前に会場に確認を。

デザートブッフェ

最近人気の演出。デザートタイムのみをブッフェ形式にして、思い思いのものを取ってもらいます。会場全体に動きが出て、新郎新婦とも話しやすい雰囲気が作れるのも◎。

披露宴の引き出物を決める

Deciding the Presents for the Guests at a Reception

感謝の気持を込めて贈る引き出物と引き菓子は、セットにするのが一般的。自分たちの好みにこだわるよりも、招待客の喜びそうなものを選んで。

引き出物選び方のコツ

1. 荷物にならないか。重くて大きいものはなるべく避ける。
2. 実用的かどうか。
3. 趣味を押しつけていないか。

「自分たちがもらって嬉しいもの」を基準に、ウエディングにふさわしいものを。

喜ばれているのは…

- あとで選べるカタログギフト
- ワイングラスや切り子など「なかなか自分では買わないもの」

敬遠されているのは…

- 実用的でない食器類
- ふたりのネーム入りグッズ
- インテリア雑貨など自分の趣味のもの

引き出物いろいろ

〈食器類〉上質なワイングラスや切り子、カップ&ソーサー、取り皿セットなど。シンプルで使い勝手のよいものが喜ばれます。

グラスやカップはペアに。

〈カタログギフト〉当日はカタログを持ち帰り、招待客が好みの商品を選べるという仕組み。

荷物にならず、ゆっくりと欲しいものを探せるので人気。カタログにもいろいろな種類があるので、招待客の顔ぶれにあわせ、センスのよいものを選んで。

〈その他〉ブランドもののボールペンや革製品など質のよいものを。

招待客の趣味が一致しない

披露宴の招待客は親戚、上司、友人とさまざまな世代がいます。引き出物、引き菓子ともにすべての人に好まれるものを選ぶのは難しいもの。最近では、新郎親戚、新婦親戚、新郎友人、新婦友人など、2～4パターンに分けることも多いようです。ただし、「差をつけている」ととられないように、中身を変えても外袋は同じものにして、無駄なトラブルは避けます。

金額は…

披露宴の規模にもよりますが、予算は「引き出物＋引き菓子」で4千円～8千円くらいが一般的。親戚、上司など多めにご祝儀をいただきそうな人には、あらかじめ高級なものを選んでおいたほうが無難。

慣習がある場合は？

地域によっては、引き出物の総数を5品などの割り切れない数にしたり、入れなければならない決まった引き出物がある場合も。親戚の分については、親とも相談を。

遠くから来ている人には

披露宴会場によっては、宅配便のカウンターを設置している場合もあります。遠くから来ている人には、上生菓子などの生ものを贈るのは避けます。

夫婦、家族の招待客には？

夫婦で出席してもらった場合は引き出物はひとつにして高級なものにするか、一品別のものを加えます。家族で出席してもらう場合も、ご祝儀が連名であれば引き出物はひとつに。

引き菓子いろいろ

高級感のある、ウェディングにふさわしいものを選びます

〈フルーツケーキ〉

日持ちもして、傷みにくいので安心。木の実の入ったものは「実り」を表すので縁起がよいといわれています。

〈和三盆〉

高級な和三盆糖をつかった干菓子。細工もきれいで日持ちがし、年配の人や女性に好まれます。

〈チョコレート〉

万人受けする洋菓子。有名ブランドなど、高級感のあるものを選びます。ただし、夏の暑い時期は取扱いがない場合も。

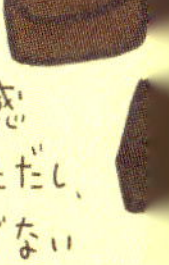

婚姻届について

必要な書類など

〈婚姻届〉

市役所、役場、出張所にもらいにいきます。書き損じることもあるので、2〜3通もらっておくとベター。日本全国どこでも同じ書式。

〈証人の署名・捺印〉

証人はふたり。双方の親やお世話になっている人にお願いします。

〈印鑑〉

夫婦それぞれに婚姻届の名前欄の右側に、旧姓で捺印。三文判でもOK。訂正印が必要となる場合もあるので念のため持参します。

〈戸籍謄本、また抄本〉

相手の本籍地に新たに籍を作る場合は戸籍謄本(家族全員のもの)、または抄本(当人だけのもの)。これまでの籍ではなく、現住所など新しい場所に籍を置く場合はふたりの戸籍謄本または抄本が必要。

どこで出せるの？

日本全国の市役所、役場、出張所。必ずしもふたりが住んでいる場所でなくてもいいので、ふたりの思い出の場所で入籍することも可能。

いつ出せるの？

婚姻届は24時間、年中無休で受付しているので、いつでも提出できます。ただし、夜間や休日は時間外受付となり、その場で確認してもらうことができません。書類に不備がある場合は、後日再提出となるので注意。

その他の届出は？

入籍しても、転出、転入届を提出しないと、住民票はもとの住所のままなので、合わせて届け出ておくと手間が省けます。他にも年金、運転免許証など公的機関に届けるものは多いので、何度も足を運ばずにすむようにまとめて手続きをしましょう。

第3章

結婚式、披露宴の演出

新郎新婦が美しく整えた衣裳で迎えるのも、招待客に対するマナーです。立ち居振る舞いにも気を配って。

衣裳選びのコツ

自分たちをどう見せたいか？

結婚式、披露宴とは、結婚するふたりが初めて自分たちを紹介する場。その場で着る衣裳なので、まずは"自分たちをどのように見せたいのか"から決めていくのがコツ。やさしく可愛らしい印象にしたいのか、知的で大人な印象に見せたいのかなど、選ぶ衣裳によって印象は大きく変わってきます。

ボクは大人っぽい感じが…
一生に一度だし、派手にかわいくしたいな
お姫さまみたいにしたい！

体型をカバーする

ドレスのデザインによって体型をカバーすることが可能。ドレスを選びに行く際は、体のどの部分をカバーしたいのかを伝えられるようにしておきます。

妊娠しているので、お腹が目立たないものを
顔を小さく見せたくてあとお尻も
できたら背も高く見せたいし
二の腕も気になるんですが

し、失礼。

全体との調和を整える

一枚の絵のように、会場やインテリア、ブーケなど全体との調和を考えて一番美しく、映える衣裳を選びます。

また、ドレスの裾《すそ》が広がっているものは、会場が広くないと動きにくいので注意。

誰と選びに行くか

誰と選びに行くかは意外と重要。また、大人数で選びに行っていろいろな意見を聞くと、混乱してしまいます。2~3人くらいまでの方が、自分の考えを言いやすいです。

彼 ○

パートナーとふたりで探しに行くのも楽しいもの。でも当日まで見せないで、あっと驚かせるアイデアも魅力的。

(自分の)母親、姉妹など ◎

独身最後の思い出にと、母親や姉妹と選びに行く人も多くいます。幼い頃からの自分を知っているので、適切なアドバイスがもらえます。

(彼の)母親、姉妹など △

彼の母親や姉妹に勧められると、断りにくいものです。意見が食い違って自分が我慢することになったり、トラブルになったりすると、せっかくの衣裳選びが楽しめなくなることも。

さっきから
ずっとひとり
ぼっち…

<お色直しのマメ知識>

披露宴の雰囲気を変える、新婦に休憩時間を設ける、などの理由から行われることが多いお色直し。ウェディングドレスだけでなく、着物も着たい！などという新婦のわがままを叶える機会でもあります。でも、3着も4着も着ようとすると、ほとんどの時間を宴席から離れることに。招待客と過ごす時間が少なくなってしまうので、披露宴全体のバランスを考えて

最近では
招待客とゆっくり
過ごしたいからと
いう理由で、
お色直しをしない
カップルも増えて
います

和装

日本古来からの花嫁衣裳。
神前式で多く選ばれますが、
人前式でもOK。小物などの
組み合わせにしきたりが
あるので、借りる場合は
すべて同じ店で揃えた方が
間違いがありません。

白無垢《しろむく》

花嫁を包むものすべてを
白一色に統一した衣裳。
神前式では角隠しか
綿帽子で頭を隠す。

綿帽子

頭全体をすっぽりと覆う帽子。
白無垢のみで用いられる。

かんざし

挙式はプラチナやシルバーで
上品に。お色直しではゴールドや
べっこう、色ものもOK。

はこせこ

長方形の小袋。
化粧道具など
を入れて、
胸元に入れる。

懐剣《かいけん》

白無垢には白、色打ち掛け
には華やかな色のものを。
武家の女性が嫁ぐときに、
自分の覚悟を表すものとして
身につけたのがいわれ。

末広《すえひろ》

表が金、または銀の扇子。
「末広がり」を意味する
縁起物。

色打ち掛け

白以外の打ち掛けのすべて。武家の女性の礼装からきていて、金糸銀糸で華やかな文様が刺繍《ししゅう》されている豪華な雰囲気の衣裳。挙式の際には角隠しを。

黒引き振り袖

裾を引いた黒地の大振り袖で、昭和30年頃まではもっとも一般的だった花嫁衣裳。洋髪のまとめ髪も似合うことから、最近再び人気が上昇。

振り袖

挙式のほか、披露宴のお色直しで着ることも。

成人式の振り袖を「独身最後に」と着る人も多い。ヘアは洋髪のまとめ髪が主流。

新郎の和装

紋付

黒または光沢のある色の羽二重に、五つ紋（両胸、背中、両袖）が付いているものが正式。最近はすっきりした白紋付も人気。

ウエディングドレス

体型に合わせてドレスのシルエットを選ぶと、キレイに見えます。会場全体との調和も考えて。結婚式に合わせたダイエットを考えている人は、そのことも考慮に入れてドレス選びを。

基本の装い

ドレス 教会の挙式ではあまり肌を露出しないように心がけます。肩が出る場合はベールなどでうまく隠して。

ヘッドドレス 挙式後にベールをはずしたら、ティアラ、クラウン、ボンネや、花、ネックレス状の飾りをつけて。

ベール ドレスよりも長く、顔が隠れるフェイスベール付きのものが正式。最近はフェイスベールのないマリアベールも人気。

アクセサリー 挙式の際にはパールやプラチナ、シルバーなどの厳かなものが基本。

手袋 袖が短い場合は、ひじ上まで隠れる長手袋をします。白といってもいろいろな色味があるので、ドレスと合わせて選びます。

ウエディングドレスのシルエット

プリンセスライン

コンパクトな上半身に、ふんわりと広がるボリュームのあるスカートライン。下半分が大きいので、ウェストの細さが強調できます。可愛らしく、華やかな雰囲気なので、ホテルや専門式場などの大きな会場でよく選ばれます。

Aライン

すっきりとした上半身と、腰からなだらかに広がるスカートのラインが、アルファベットのAのような形に見えるドレス。スカートの下に履くパニエの大きさでボリュームを調節でき、すっきり長身に見せることも可能。

会場も選びません。

マーメイドライン

上半身からひざまでは体にフィットした細いシルエットで、裾にかけて人魚のようにスカートが広がるライン。体の線が出るので、大人っぽく女性らしい雰囲気に。裾のスカートの長さで華やかさを演出できるので、レストランはもちろん、大きな会場でも好まれます。

スレンダーライン

体のラインにぴったりと沿うようなシルエットで、スカートはすとんとした形。胸下で切り替えがされていることが多く、スレンダーで大人っぽい印象を与えます。

裾の広がりがないので、比較的狭めのレストランでも動きやすいのも特徴。

試着について

ほとんどのドレスショップが事前予約制なので必ず電話やEメールで予約を入れます。当日は前開きの脱ぎ着しやすい洋服で。

いつ頃から選ぶ？

6か月～3か月前。レンタルの場合、人気があるドレスはすぐに予約が入ってしまうので、式場が決まったらすぐに行動を。オーダーの場合は、仕立てに時間がかかるので6か月以上は余裕を持ちたいもの。急ぎの場合はデザイナーに相談します。

小物は？

レンタルの場合はセットになっていることも。購入する場合は、必要に応じて自分で手配します。ドレスの販売店で手配してもらえることもあります。白のドレスといっても、オフホワイトやシャンパンカラー、ピュアホワイトなどさまざまな白があるので、小物の色を合わせる時は慎重に。

カラードレス

披露宴のお色直しの時に着ることが多いカラードレス。自分のイメージや、会場の雰囲気に合うものを選ぶと統一感があります。肌色、顔立ちが引き立つような色を選んで（カラー診断を受けて、春夏秋冬の4つのシーズンカラーから似合う色を探しても）。

春タイプ
明るく可愛らしい印象で、
若々しい雰囲気。
イエローベースなど柔らかい
色が似合う。
くすみのある地味な色は△。
例/コーラルピンク、アプリコット、
ティファニーブルーなど。

夏タイプ
上品で清楚な印象で、
清潔感のある雰囲気。
ブルーベースなど淡い色が似合う。
黄味の強い色や派手すぎる色は△。
例/ ローズピンク、パステルレモン、ラベンダーなど。

秋タイプ
大人っぽく落ち着いた印象で、
リッチな雰囲気。
温かみのあるアースカラーが似合う。
青味の強い色や淡すぎる色は△。
例/サーモン、パンプキンオレンジ、モスグリーンなど。

冬タイプ
モダンでシャープな印象で、
あか抜けた雰囲気。
色鮮やかでメリハリのある色が似合う。
地味でナチュラルな色は△。
例/スカーレット、マゼンタ、エメラルドグリーンなど。

2WAYドレスって…？
シンプルなドレスを基本にオーバースカートを付けたり、オーガンジーのドレスをはおります。
ぐっと印象が変わり、お色直しの時間も短くてすみます。

男性のフォーマルウェア

男性のフォーマルウェアは、時間帯によって着用するものが決められています。日本ではあまり厳密ではありませんが、ある程度のルールは知っておきましょう。新婦のドレスとの相性や、自分の体型を考えて選んで。

モーニングコート

午後6時までの正式礼装。上着の後ろの裾が長く、V字になっているのが特徴的。色は黒かグレーで、パンツはストライプ。ネクタイはストライプものか、アスコットタイを選びます。

テールコート

午後6時以降の正式礼装。燕尾服ともいわれる。上着の前が短く、後ろがひざ近くまで長くなっています。色は黒、グレー、白など。ネクタイは棒タイや蝶ネクタイを合わせて。

タキシード

午後6時以降の準礼装。黒い蝶ネクタイとカマーベルトがベーシック。最近はロングタキシードも人気。

フロックコート

昼間の正式礼装。前、後ろともにひざまで届く長い身ごろが特徴。ネクタイやシャツなどのバリエーションも多く、最近人気が高い衣裳。比較的がっかりした体型の人が似合います。

ディレクターズスーツ

昼間の準礼装。ブラックスーツの上着とモーニングのパンツを合わせたもの。アスコットタイを合わせます。比較的カジュアルな雰囲気なので、レストランでの披露宴などで。

ブーケ

The Bouquet

ドレスと小物が決まったらブーケのオーダーを。生花のブーケが人気。体型、会場の雰囲気、ドレスのデザインなどに合わせて選びます。

いつ頃注文する？

挙式の1～2か月前。

どこに依頼する？

会場の装花と同じ花屋に依頼するのが一般的。装花と同じところにお願いすれば、会場全体との調和もとりやすくなります。別注したブーケを持ち込めるかどうかは、事前に会場に確認を。会場指定の花屋でないと、持ち込み料がかかる場合も。

バラ
根強い人気の花。色や合わせる花材によって全く雰囲気が変わるのが特徴的。
ガーベラ、チューリップ、トルコキキョウ
可憐で可愛らしい雰囲気のブーケに。色のバリエーションも豊富。

どんなデザインがある？

キャスケード

滝をイメージした逆三角形の大きなブーケ。大柄な人、トレーン（裾）の長いドレスなどに似合います。最近は小さめのタイプや細いタイプも。

ラウンド

花材を丸くまとめた可愛いらしいデザイン。Aラインなどのシンプルなドレスに似合います。二段、三段とボール状にまとめてつなげる場合も。

クレッセント
三日月型に花をまとめた優雅なブーケ。全体的に大人っぽい雰囲気で、スレンダーライン、マーメイドラインに似合います。

クラッチ
花材を自然に束ねたような、シンプルなブーケ。カジュアルなパーティに似合います。

ブーケトスをする場合

スポンジや台のないクラッチタイプのブーケを。キャスケード、ラウンド、クレッセント、オーバルタイプのブーケにプラスして、ブーケトス用にクラッチタイプのブーケを注文する人もいます。

ブーケを自作する場合

多忙な新婦が生花のブーケを作るのは大変です。そこで最近人気なのが事前に作り置きできる「プリザーブドフラワー」を使ったブーケ。生花に特殊加工をほどこすことで、みずみずしいままで数年保存できます。

ブーケは
自分で作るのが
夢だったんだ

カラー、ユリ、コーチャリス
大人っぽく上品な雰囲気なブーケに。白がメインなので清楚な印象に。

グリーン、果実
ブーケに個性を出したいときに。果実には「子孫繁栄」のおめでたい意味も。

オーバル
全体をだ円形にまとめた、キャスケードとラウンドの中間的な形。どんなドレスとも相性よし。

ヘアスタイル、メイクの準備

ドレスやブーケが決まったら、ヘアスタイルとメイクのリハーサル、または打ち合わせを。また、美しい花嫁になるためには事前のケアや健康管理も大切。列席の方々に注目される部分は、見苦しくないようにキレイに整えます。

いつ頃？

挙式の3～6週間前。
髪が伸びて、ヘアスタイルが変わらない時期に。

リハーサルに行くときの注意

- 髪の毛はスプレーなどで固めず、できるだけナチュラルな状態に。
  色の趣味や、好みの雰囲気などを伝えられるよう、メイクは普段どおりに。
- ドレスに合わせたネックラインの洋服を着ていくこと。

希望はしっかりと伝えること。嫌なものは嫌と伝えないと、そのまま当日を迎えることになります。

持っていくものは？

ドレス試着時の写真、希望のヘアスタイル、メイクの写真（雑誌など）。ブーケの色や花材もメモしておく。

敏感肌の人は？

心配な人は、ふだん使っている化粧品一式を持参し、メイクの人に伝えます。

和装の場合は？

和装の場合は打ち合わせのみの場合が多いようです。カツラのサイズは合わせることが多いので、長い髪の場合はまとめ髪にして打ち合わせに行きましょう。ただし和装の場合でも、洋髪にする場合はリハーサルをすることも。

挙式までのお手入れ

肌、顔のケア

時間と予算に余裕がある場合はフェイシャルエステを受けるのも○。ビスチェドレスなど、露出の多い場合はプロの手によるデコルテのケアの検討を。とくに、体のニキビは早期にケアしておきたいもの。

シェービング

うなじ、わき、背中、足など人の目につくところをケアします。自分でできる部位もありますが、エステとセットになっている場合など、プロの手に任せる場合も多いよう。カミソリ負けすることもあるので、挙式の1週間～4日前くらいに行います。顔のうぶもをケアすると、化粧のノリがよくなります。

ハンドケア、ネイルケア

意外と目立つ指先。遅くとも1週間くらい前から、ささくれなどのケアをしましょう。ハンドクリームやオイルを指先に塗り込むだけでも効果があります。ネイルははげないよう、前日または当日に行います。

体調管理

結婚式前は準備が忙しくなるので、体調を崩さないように注意。体の中から美しくなるために、バランスのよい食事とたっぷりの睡眠を心がけて。

ウエディングアイテムを手作りする

Making Wedding Items by Hand

ひとつでもふたりの手作りのものがあると、温もりのある結婚式、披露宴に。時間のない結婚式前の時期ですが、気分転換をかねて何か手作りしてみては。ただし、実際にやってみて「間に合わない！」と思ったらすぐにプロ注文に切り替えて。

ペーパーアイテム

結婚式、披露宴で使われる印刷物をまとめて、ペーパーアイテムと呼びます。招待状、席次表、席札のほかに、最近ではメニュー表やふたりのプロフィールなども入れる人が増えています。席次表、メニュー、プロフィールと式次第を一冊にまとめた冊子タイプも人気。自作用のパソコンソフトもあるので、わりと手軽に作れるのもいいところ。

紙の風合いやサイズにもこだわって！

招待状

席次表や席札とのバランスも考え、統一感のあるデザインにすると洗練された印象に。あまり手作り感が出すぎると、カジュアルになりすぎるので注意。封筒の後ろに×を書くのはNG。

印刷しにくい紙を使いたい場合は、2枚仕立てにしても。

のり付け、またはリボンで結びとめます。

同じデザインでメッセージカードを同封。披露宴当日に記入して持ってきてもらい、芳名帳への記入の代わりにカードを受け取るというアイデアも。

寿やハートなど慶事にふさわしいシールを貼って。

席次表

招待客全員の名前と肩書きを入れます。肩書きの紹介部分に、ふたりからのメッセージやキャッチフレーズをつけるのもアイデア。

「お菓子作りの大好きな伯母さん」「大学時代のサッカー部の悪友」など、その人の人となりがわかる一言を入れると、近くの席の人同士の会話がはずみ、楽しい宴になります。

だいじょうぶだって。本当のことだもん
ちょっと、それじゃ部長、怒るかもよ
席次表
今でも俳優志望佐野部長

席札

会場内で招待客の席を示すためのもの。感謝の気持ちを伝えるには、手書きのメッセージを添えても。

森田香様
来てくれてありがとう!!
青山もも様

席札をミニギフトにしたり、シャンパンのラベルにするのも一案。

村松大吉様
山下貴様

メニュー表

当日の料理の説明を入れたもの。フリードリンクの種類を書いておくと、招待客が頼みやすいので〇。こだわりの料理がある場合は、「新郎〇〇のおすすめの逸品!」などのコメントを入れておくのも一案。

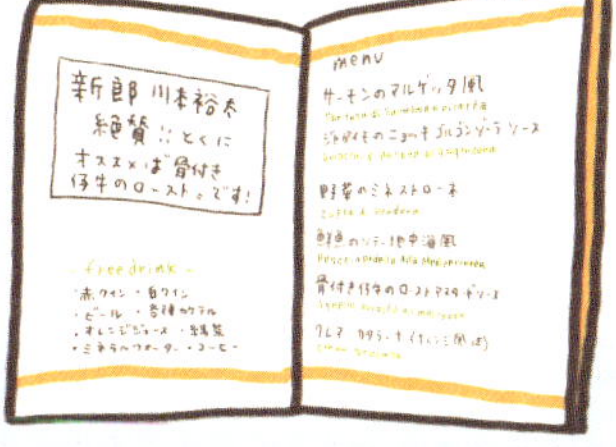
新郎 川本裕太 絶賛!! とくにオススメは骨付き仔牛のロースト。です!
menu

Yuta
Kayo
Profile
裕太 0才
東京都江戸川区、台風の日に難産で生まれる
その頃佳代 5才
近所ではボス的存在。負けず嫌いはこの頃からで
8
サッカーに夢中
でも
将来の夢は八百屋
13
陸上部のエース
将来の夢は歌手
ぜひ遊びに来てください。
〒123-456
東京都〇区〇〇
〇〇-123
TEL (03) 000-0000

プロフィール

新郎新婦の自己紹介や、ふたりのなれそめ、家庭像の展望などを書きます。目上の人が多い場合は、あまりデレデレした印象にならないように気をつけて。新居の住所や、お礼のあいさつなども一緒に入れてもOK。

写真はふたりが一緒に写っているものが一般的ですが、小さな頃の写真を入れるアイデアも。

そんなとこで化粧直ししないのっ
だって鏡になってるんだもん

ウエルカムボード

受付で招待客を迎える、ふたりの名前入りのボード。

オーダーする場合

ふたりの似顔絵を入れられるものや、鏡にふたりの名前を刻めるものなどがあります。

その他の手作りアイテム

リングピロー

結婚指輪を置くためのもの。指輪交換の際に使用します。

〈材料〉
- シルクサテンの白い布
- レース
- 好きな色のリボン
- ビーズ（淡水パールなど）
- 綿

リボンは好きな色が一番ですが、サムシングブルーの水色をここで使う人も多いよう。ドレスをオーダーした場合は、あまり布をもらって作っても〇。

ウェルカムフォト

待ち合いスペースにふたりの幼い頃からの写真を貼ったボードを飾ります。結婚式～披露宴、披露宴前の時間を楽しく過ごしてもらうためのアイデアです。専用の待ち合いスペースがない場合は、披露宴会場の片隅にスペースを作ってもOK。

これ あのときの 写真だ
あー オレが 写ってる

招待客と一緒に写っている写真はとくに喜ばれます。

サンクスメッセージ

貸し切りの会場であれば、ゲストが使う化粧室に「ありがとう」のメッセージを。脂取り紙やコットン、綿棒（男性の場合は脂取り紙とティッシュ）など、化粧直し用の小物をかわいいカゴに入れて「使ってね！」というメッセージをつけるのも、感謝の気持ちが伝わります。

今日は暑い中
ありがとうございます。
脂取り紙、使って
下さいね。 佳代

新郎新婦のなすべきこと（前日編）

On the Day before the Wedding

前日が仕事という場合は、できれば有給休暇をとるか、早引けをする。せめて定時には上がってゆっくりしたいもの。当日になって慌てないように、準備の最終確認は早めに済ませます。

関係者へのあいさつ

仲人、主賓、受付担当者などには、最終の確認をかねて、あいさつの電話をしておきます。とくに時間の確認は忘れずに。

いよいよ明日だな。あいさつしなくちゃ

仲人、主賓へ
梅本でございます。明日は○時に○○会場にてお待ち申し上げております。お忙しいところ、たいへん恐れ入りますが、どうぞよろしくお願いいたします

受付をお願いしている友人へ
りかです。明日は忙しいのに受付を引き受けてくれてありがとう。
当日、私は準備中だけど、○時に○○にて会場の担当者が待っていますので、よろしくお願いします

会場への確認

持ちこみ品がある場合は、それらの確認もしておきます。

梅本です。明日は○時に着付のためにおうかがいします。どうぞよろしくお願いします。持ちこみのブーケですが届いておりますか？ご確認をお願いいたします
あ、それからお支払いの件なんですが

支払いのチェック

挙式前に全額支払いが必要な場合は、なるべく早く支払いを行ったうえで、前日までに入金の確認をしておきます。前泊する招待客の支払いを負担する場合は、招待客がチェックインする前に支払いを済ませておきましょう。

結婚前日って忙しいんだな
忘れ物のないように

持って行くものの準備

ペーパーアイテムなど、当日に持ちこむものは、前日のうちにひとまとめに。結婚指輪、靴、足袋などの小物は意外と忘れやすいので再度確認を。また、母親が会場で着替える場合などは、荷物がまざらないように注意。

心付けの準備

当日、会場スタッフに渡す心付の準備を忘れずに。寿用ポチ袋と、できればお札は新札を用意。念のため、少し多めに袋を用意しておきます。心付の目安はP123。

挙式後ハネムーンへ行く場合

旅行の荷物とパスポートも忘れずに。持ち歩きの現金が多額になるので、できれば当日はセーフティーボックスなどを利用します。

夜は家族でゆっくりと

前日の夜は家族全員でのんびりと過ごしましょう。

照れくさくても、大切に育ててくれた親へ、感謝の気持ちを伝えることを忘れずに。

お父さん、お母さん、23年間お世話になりました

緊張して眠れない場合は

お風呂に入ってリラックス。好きな入浴剤を入れるのも効果があります。お酒は顔がむくむのでほどほどに。

新郎新婦のなすべきこと（当日編）

On the Very Day of the Wedding

駆けつけてくれた招待客やスタッフへの「ありがとう」の気持ちを忘れずに、言葉に出して伝えて。

―結婚式当日―
自宅で…
いい天気でよかったね

お父さん、お母さん今日はよろしくお願いします
もう泣いてる…

食事は軽めに

午前中～お昼くらいの式なら、軽めの食事を取ります。体を冷やす生野菜や冷たい飲み物はできるだけ避けて。午後～夕方の式なら、朝食はしっかり取っておきます。食欲がない場合は、後で簡単につまめるおにぎりやサンドイッチを準備。

当日の服装、メイク

ドレスや着物に着替えるので、脱ぎ着しやすい、前あきの服で。髪を洗っても何もつけずに乾かし、ヘアメイクさんに任せます。顔は基礎化粧品だけ、またはごく薄く粉をはたくくらいに。

家族にあいさつ

慌ただしくても、「今日はよろしくお願いします」の一言を。この日からは親から独立した人間だということを忘れずに。

会場についたら…
○○の間の新婦の梅本りかです。本日はよろしくお願いします
会場スタッフにあいさつ
その日お世話になるスタッフにあいさつを。
最終チェック
持ちこみ品などの最後のチェック。
とくに指輪は忘れていないか必ず確認を。
もしも足りないものがあってもこのタイミングなら、何とかなるので焦らずに。
お父さんっ指輪持ってきてぇーっ
司会者や担当者と最後の打ち合わせ
ヘアメイクの合間、または終わってから司会者と最後の打ち合わせをします。
祝電があれば目を通して、披露してもらうものを選びます。サプライズ演出をする場合も最後のチェックを。

着付けなどの支度が終わったら…
皆さんにごあいさつに行こうか
仲人、主賓や親族へあいさつに行きます。新婦がどうしても動きにくい場合は、新郎だけでもあいさつに。
仲人、主賓へのあいさつ
仲人、主賓がいる場合はあいさつに行きます。あいさつは新郎に任せて新婦は一緒におじぎをするだけでOK。
おめでとう
本日は、お忙しい中ありがとうございます。どうぞよろしくお願いします
親族へのあいさつ
親族控え室に行って、それぞれの親族へあいさつ。新婦が和装で動きづらい場合はイスに座ってかまいませんが、「座ったままで失礼いたします」と一言添えます。
お父さん泣きすぎ。

披露宴中、こんなときどうする？

トイレに行きたい

衣裳を着る前にトイレは済ませておきます。それでも、支度が終わってからトイレに行きたくなった場合は、アテンドに頼んで。動きにくい衣裳を上手にさばいてくれます。お色直しのときにもトイレに行くことは可能。

体調が悪い

新婦の中には、緊張や慣れない和装などで貧血になる人も。ちょっとおかしいなと思った時点で、早めにアテンドと新郎に伝えます。ゆっくり座って休むだけでもかなり楽になることもあります。

お酒をすすめられたら

目上の人からなら、少しだけ口をつけるのがマナー。それ以上はにっこり笑って「今日は衣裳が苦しくて…」と断ってしまってOK。ひな壇の下にはお酒を捨てるバケツが用意してあるので、お酌が多いときはそこに捨てます。

心付けについて

サービスを受ける場合に感謝を表すものとして、各スタッフへ心付けを渡す習慣があります(最近ではスタッフが受け取らない場合も)。また、招待客に受付やカメラマン、司会者などをお願いしている場合にも渡すのが一般的。

寿と書いたポチ袋や御祝儀を用意し、両家の連名にします。受付など両家から各々出している場合、ヘアメイクなど片方だけが依頼しているスタッフの場合は、いずれかの名字を記します。各スタッフへのお礼は両親、家族だけでなく、新郎新婦が渡してもOK。

心付けの目安↓P125。

披露宴の時間はだいたい2時間30分前後。それより短いと食事ができず、また長すぎると招待客が疲れてしまいます。料理のタイミングも考えて、時間配分をし、スケジュール案を作ります。

一般的な披露宴の流れ

迎賓 まずは新郎新婦が揃って、招待客を出迎えます。行わないこともあります。

5分

新郎新婦入場

10分〜

司会者あいさつ
新郎新婦紹介

司会による紹介が一般的ですが、ふたりがお互いを紹介する、友人に紹介してもらう、新郎がウェルカムスピーチをする、という場合も。仲人がいる場合は仲人が紹介します。

主賓からの祝辞

食事前の祝辞なので、依頼時に「恐れ入りますが、3分程でお願いします」と一言添えておきます。

乾杯

主賓の祝辞が終わったら、来賓の代表が乾杯の音頭をとります。

ウェディングケーキ入刀

ふたりでウェディングケーキを切る定番イベント。乾杯の後に行うのが一般的。ケーキをデザートとして配る場合は、スケジュールの中程までにカットが終わるように組みこみます（ケーキの取り分けに時間がかかるので）。

25分〜

会食スタート

最近では新郎新婦も食をすることが多くなりました高砂に招待客が来た場は、食事を止めて笑顔であいさつを。

45分〜

お色直しのための退場

新婦退場の際に新婦母がエスコートするなどの演出も。新郎新婦が中座している間に、祝電を披露することも。

1時間15分〜

新郎新婦お色直し入場

お色直し入場は各テーブルを回ってあいさつを。定番のキャンドルサービス、プチギフトの贈呈など。

1時間30分〜

スピーチ、余興

来賓や友人にお祝いのスピーチをしてもらったり、余興をしてもらう時間。

2時間10分〜

親への花束・記念品贈呈

新郎新婦から親へのおれいのあいさつ。

両家代表謝辞

新郎父のあいさつが一般的ですが、最近は新郎自身によるあいさつも増えています。

2時間30分〜

新郎新婦退場 おひらきの宣言

司会がおひらきを宣言します。

送賓

新郎新婦、両家の親がそろって招待客を見送ります。

披露宴の演出いろいろ

Various Ways to Warm Up a Reception

お色直し入場の演出例

キャンドルサービス
招待客のテーブルを回りながらキャンドルに火を灯します。定番の演出ですが、夜景のキレイな会場で夕方や夜に行う披露宴が増えてきたため、最近人気が再燃中。

ビール、シャンパンサービス
ビールサーバーやシャンパンのマグナムボトルを持って、招待客にサービス。

プチギフトサービス
ドラジェやプチギフトなどをひとり一人に手渡し。時間がかかるので、取り入れる際は時間配分を考えて。

ルミファンタジア
特殊な液体をグラスに入れて発光させる演出。現代版のキャンドルサービス。

フォトサービス
各テーブルの招待客とともに写真を撮ります。写真はお礼状に同封すると喜ばれます。

マジック、バルーンサービス
プロのマジシャンやバルーンアーティストとともに回っておもてなし。

各テーブルで食事
各テーブルに新郎新婦の空席を設け、招待客と食事をとります。この場合、あまり余興は行いません。会場によっては不可の場合もあるので事前に確認を。

演出NG集

自作の詩の朗読やふたりによる愛のデュエット
下手だったら楽しいのはふたりだけ。プロ級に上手でも、場がしらけたりすることもあります。

ウケを狙いすぎた衣裳
新郎新婦が逆に衣裳を着たり、かぶり物だったり…。招待客は笑うためでなく、ふたりをお祝いするために来てくれていることを忘れないように。

招待客参加型のイベント例

ブーケトス、ブーケプルズ

独身の女性に向けて、新婦が後ろ向きでブーケを投げると、受け取った人は次の花嫁になるという言い伝えによるイベント。盛り上がり度も高いけれど、スペースがない、落ちたら縁起が悪いということもあって、最近はブーケにつながったリボンをひっぱる"ブーケプルズ"が人気。

ガータートス

新郎が新婦のスカートにもぐって、足につけたガーターベルトをはずし、独身の男性に投げるという、ブーケトスの男性バージョン。

男性陣の盛り上がりは必至ですが、目上の人が多い堅い披露宴ではひんしゅくを買ってしまうかも。

ドレスの色あてクイズ

受付の時に、お色直しのドレスの色を招待客に考えてもらうクイズ。3〜4色分くらいの箱を用意して投票してもらうと、お色直し入場のときの期待感が高まります。当たった人からは抽選でふたりにまつわる"何かいいもの"をプレゼント。

サプライズインタビュー

事前に司会者と打ち合わせておいて、スピーチをお願いしていない人に突撃インタビュー。思わぬ本音が聞けるかもしれないドキドキイベントですが、人選を慎重にしないと場がしらけることも。答えやすいように、一問一答形式にしておきます。

ケーキサーブ

ケーキカットした生ケーキを、人数分に切り分けてもらって、新郎新婦のふたりで取り分け。招待客がふたりのそばに来てくれるので、親密な言葉を交わすことができます。ケーキ以外には、樽酒を鏡開きするアイデアも。

親に感謝の心を伝える

手紙を読んだり、プレゼントを渡したり、感謝の気持ちを表します。

親への手紙

披露宴の最後に、新婦が読み上げる親への手紙。
長いパーティの中でも、ここが一番盛り上がりを見せるところ。
特に思い入れのある場合には、新郎も手紙を読むことがあります。

お父さん、お母さん。
今日までの23年間、本当にお世話になりました。
小さい頃からわがままばかりの私でしたが、お父さんとお母さんはいつも私のことを可愛がってくれました。

お父さん、
私がまだ幼かった頃は、大好きなお父さんに甘えてばかりでした。周りの人たちから「りかちゃんは将来何になりたいの？」と聞かれると、「お父さんのお嫁さん！」と答えていましたね。大きくなってからも、私にとってお父さんはいつも優しくて、頼りになる存在です。

お母さん、
小学校に入るまで、毎晩絵本を読んでくれましたね。私が絵本に飽きると、昔話をアレンジしたすいか太郎やメロン太郎のお話をしてくれました。ときには話が盛り上がって、眠るのが遅くなってしまったこともありましたね。

父親と母親、それぞれのエピソードを盛りこむことがポイント。
何か失敗して落ちこんでいたときに、励ましてくれた話などが泣けます。
最後はこれからの決意でまとめます。

最近では、披露宴で手紙を読まない人もいるようですが、どんな形にせよ、今まで育ててくれた両親への感謝の気持ちは伝えたいもの。みんなの前で読まれるのが照れくさいなら、手紙はこっそり渡して、後で読んでもらう、という方法もあり。

花束

定番の花束は、両親の好きな花を選びます。父親へはブートニア。

こんなに大事に育ててくれた
お父さん、お母さん。
ふたりからいただいた愛情を胸に、
たけおさんと仲良く笑い声の絶えない
家庭を築いていこうと思っています。
どうかいつまでも健康で長生きして、
私たちを見守っていてください。
今日は本当に
ありがとうございました。

旅行券

ふたりでゆっくり旅行に行ってね、という気持ちをこめて渡します。

人形

新郎新婦に似せた人形などもユニーク。写真を送るだけで作ってくれる専門業者も。
ふたりが生まれたときの体重で作ったぬいぐるみも人気。

美しく見える新婦の所作

The Posture That Makes the Bride Elegant

ドレス編

立ち方

真上から吊《つ》られているような気持ちで背筋をのばし、デコルテ(胸)を張って立ちます。頭、肩、かかとが一直線になっているのが美しい立ち方。

(新郎と並ぶ)立ち位置はやや内側を向いた「ハ」の字型で。新婦は新郎の半歩後ろに立ちます。

和装編

立ち方

背筋を伸ばして重心は前に。

かつらをかぶっている場合は、頭を下げ過ぎると顔が見えなくなるので、少しうつむく程度に。

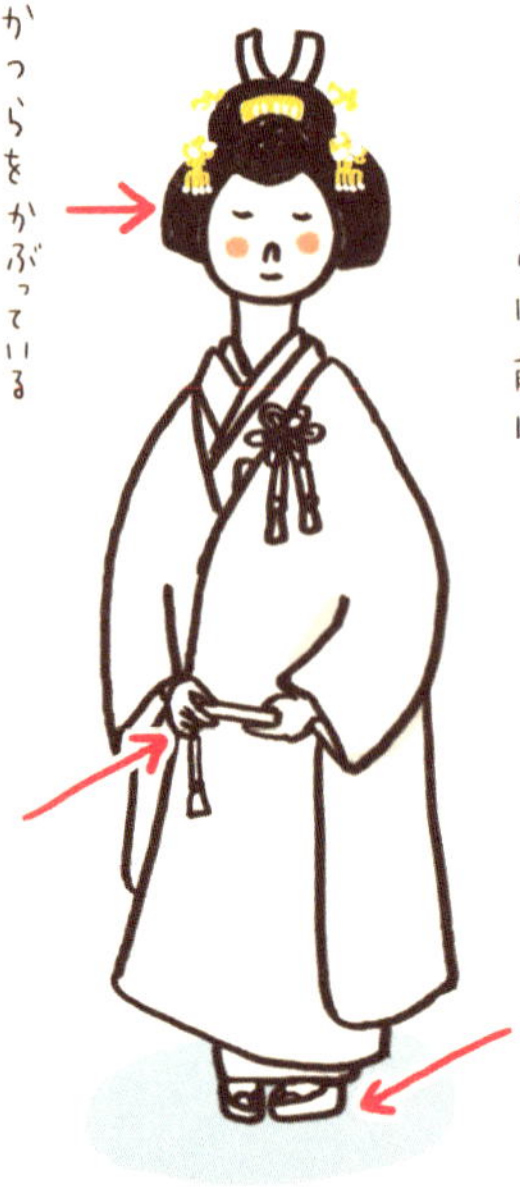

足は内股で揃えて親指に力を入れます。

末広は右手で持って左手で頭の方を支えます。

座り方

おしりはイスの背に付けますが、背中は付けないように。背筋をのばして上半身を緊張させて。両手は、左手を上にしてひざの上に自然に置きます。

歩き方

常に新郎が新婦をエスコートするようにふるまうと品よく、仲のよい印象に。新郎が新婦を気づかいながら、一歩先を歩きます。腕は男性が差し出したひじあたりに、女性がそっと手を添えるくらいが美しく見えます。がっちり組むと幼い印象になります。

座り方

帯が崩れないように浅めに座り、背筋をのばすと凜として見えます。座る時に袖を下敷きにしないよう、アテンドに直してもらいます。

末広を持つ場合は、ひざの近くで手を揃えて。

歩き方

男性に手を引かれてやや後ろを歩く。袖口から手首より上が見えないように注意します。

ひざ下だけで歩くような気持ちで歩幅を狭くすると品よく見えます。

ドレス編

おじぎ

背筋をのばし、デコルテを張ったままでゆっくりと。腰から曲げるのではなく、足の付け根から倒すつもりで。おじぎの角度はあまり深くしすぎないように。

肩をすぼめて首を曲げると胸元が開いて見えてしまうことがあるので、デコルテは必ず張ったままで。

和装編

おじぎ

かつらをかぶっていたり、帯を締めているので、深くおじぎをするのは大変です。

浅くてもかまいませんが、頭だけでするのではなくゆったりと腰から曲げるように。

共通

笑顔

緊張のあまりに顔がこわばってしまっては、招待客が心配してしまいます。できるだけ自然な笑顔を忘れずに。

乾杯

乾杯のときはグラスの足の中央部分を親指、人差し指、中指の3本で持って、他の指を添え、ふたりで視線を合わせるようにします。

食べ方

オーバーアクションはエレガントさに欠けるので、脇を締めて、ひじがあまり上に上がらないように。

できるだけ小さく切り、食べ物がいつまでも口の中に残らないようにします。

余興やスピーチのとき

余興、スピーチをしていただいている場合は、その相手を微笑んで見つめます。食事をしながら見るのは厳禁です！

写真撮影

キャンドルサービスやケーキカットのときには、寄り添って。新郎が新婦の腰に手を軽く回し、お互いに視線を合わせるようにすると自然な雰囲気に。手で口元を隠す笑い方は、西洋のマナーではNG。写真もキレイに仕上がらないので注意します。

男性がリードすることで、女性はより美しく上品な印象になります。逆に、女性が男性を引っ張って歩いていると、「怖い女性」のイメージがついてしまうことも。新婦はいつでも注目されている"主役"だということを忘れずに、ちょっと控えめにふるまうくらいの気持ちで。

おめでた婚について

About a Shotgun Wedding

4組に1組が懐妊が分かってから結婚をする「おめでた婚」ともいわれる時代。体も大事、でも結婚式、披露宴もしたいというカップルが増えています。

周囲への報告編

おめでたがわかったら？

ふたりで結婚の意志を確認し、双方の親に報告を。おめでた婚が増えてきたとはいえ、まだまだ妊娠にショックを受ける親も多いので、誠意を持って説得します。お互いに自分の親には先に報告しておいたほうがいいのは、おめでた婚でない場合と同じ。とくに異性の親には自分の言葉できちんと報告をします。いざというときに頼りになるのは自分の母親。自身の出産の経験から、つらいことをくんでくれるので、細々とした手配など思い切り甘えてしまいましょう。

今日はようこさんと結婚させていただきたく、おうかがいしました。実は、先日病院に行ったところ、○月には僕たちの子どもが生まれることもわかりました。ぜひ結婚を認めていただきたく、お願い申し上げます
フクザツ…
まあまあ、お父さん、おめでたいお話なんだしっ

親戚へは？

親戚への報告は、親にも相談してから。披露宴が終わるまでは親戚には告げたくないという親もいます。

会社へは？

女性は産休、退職の手続きがあるので、早めに報告をします。男性も出産後に扶養家族が増えると、結局は周知の事実となるため、結婚時から隠さず堂々と報告した方が印象もよいようです。お互いが同じ会社の場合は、信頼できる先輩や上司に相談し、前例を参考にしましょう。

ゆるさん!!
おじいちゃんには披露宴が終わってから話そうか。面倒なことになりそうだから
そうだね

担当してくれる産科の先生にも、披露宴を挙げることを相談しておきます。胎児の成長などを考慮しながら、気をつけるべきことを教えてくれます。

先生、私、披露宴するんです
そりゃあおめでとう

妊娠すると、母子手帳が発行されます。籍を入れていない場合は旧姓、入籍している場合は新姓が記入されます。母子手帳に訂正印や訂正線を入れたくない場合など、挙式よりも入籍を早める人も多いようです

結婚式の準備編

挙式の時期

母体に一番負担のかからない安定期（5か月以降～）が一般的。
それ以前…流産の危険性があるので、健康を考えて避けます。
臨月間近…早産の危険性があるのでNG。

準備期間

5か月以降～の安定期に披露宴をあげるためには、つわりのつらい時期を準備期間にあてることが多いので、周囲の人の協力が欠かせません。

おめでた婚でない場合に比べて準備期間は短くなりますが、できれば2～3か月程度を目安にします。それより短い準備期間しかとれない場合は、プロデュース会社に依頼すれば、約1か月程度で披露宴をすることも可能です。

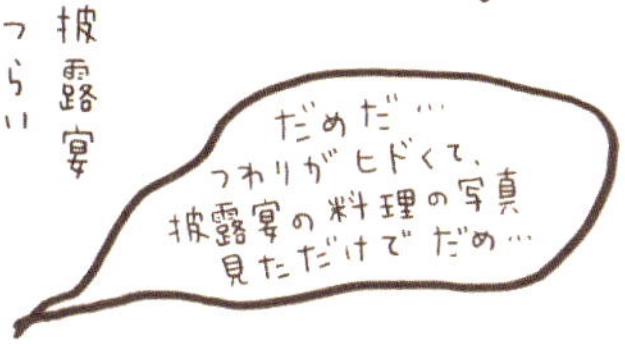
だめだ…つわりがヒドくて、披露宴の料理の写真見ただけでだめ…

うっ
無理しないでプロデュース会社に頼もう

会場選び

空調がしっかりしていて、快適な温度が保てるところ。衣裳を着ての移動は大変なので、移動が少なく、エレベーターを使えるところがベスト。控え室が広く、休めるスペースがあることも重要。

ドレス選び

お腹と胸が大きくなっているので、締めつけないデザインのものを。体型の変化に対応しやすいプリンセスラインや、上着とスカートが別々になっているタイプなら、締めつけられずに楽な姿勢がとれます。

これなら楽だね～

おめでた婚用のお腹がのびる素材になっているドレスや、足がむくんだときでも脱ぎ履きが簡単で、ストラップの調節もできるバックストラップのシューズも安心。

装飾、料理選び

匂いの気になる時期は、生花を避けてシルクフラワーに。生花でも、匂いの少ない花や、グリーンや果実をメインにするとあまり気になりません。料理も匂いのきついものは避けます。とくに、つわりが残っている時期であれば、料理のサーブについても会場と相談を。

披露宴のプログラム

イベントを詰めこみ過ぎず、ゆったりとした進行にします。式と披露宴の間も、時間を多めにとって休憩できるようにします。体調が悪くなったときに休めるよう、お色直しは入れておくとよいでしょう。お色直し入場も、なるべく動き回らなくてすむ演出にします。

直前～前日に気をつけること

そうか もうすぐ 挙式かー
大丈夫。順調だし 心配ないよ

1週間前以降に病院へ

安定期は1か月に1回程度の診察で大丈夫ですが、披露宴の直前には必ず診察を受けます。健康状態をチェックし、安心して式に臨むこと。体調に不安がある場合は、貧血の薬、張り止め薬などを処方してもらいます。

前日はゆっくり眠る

当日の貧血、のぼせを防ぐためにも、前日の睡眠はたっぷりとっておきます。妊娠中はトイレが近くなりがちなので、前日の夜からは、利尿作用のあるお茶や、冷える野菜の摂取は控えます。

もう寝た？
うん 眠ってる
「お父さん お世話になりました」ってやっ なかったな
明日の朝 言うんじゃないの？ お父さん「泣いちゃうからやだ」って言ってたくせに
zzz

当日

当日は楽しむことを一番に…

体のためにも、リラックスした気持ちでいることが大切。常備薬や、気持ちを安定させるポプリなどがある場合は持参します。

緊張して のど乾くなー
ぐびぐび
だめだめっ 飲みすぎだよっ
少しずつ 飲んで

飲み物は控えめに

飲み物はできるだけ控えておくほうが、体調を急変させません。のどが乾いた場合は、少しずつ口に含むようにします。安定期はお腹が空くこともあるので、その場合は、胃に優しい消化によいものを用意しておき、少しずつ食べます。

無理はしない

式と披露宴の合間、お色直しなどはドレスを脱いで体に負担がかからないように休みます。披露宴の最中であっても、どうしてもつらい場合は、さりげなく中座します。つらくなったときの合図を、アテンドや司会者と決めておきます。

披露宴でおめでた婚を報告する？

お腹が目立たない時期であれば、招待客にはおめでた婚を伝えなくてもOKです。ふたりがオープンにしたい場合でも親が反対のこともあるので事前に相談を。披露宴でおめでた婚を報告する場合は、司会ではなく新郎から伝えた方が好印象です。

再婚について

About a Remarriage

再婚と初婚、再婚同士の結婚式も珍しいことではない時代。再婚の場合でも、挙式や披露宴、パーティを行うカップルが増えています。

挙式、披露宴をどうするか？

とくに女性が初婚の場合は、挙式、披露宴を望む場合も多いようです。何度もご祝儀をいただくことに抵抗感がある場合は、会費制にする方法もあります。

大げさにしたくない場合は

- 「披露宴」ではなく、「親族の食事会」と「友人向けのパーティ」のふたつに分けるアイデアも。食事会の費用は新郎新婦側で負担したり、パーティは1万円程度の会費制にします。

- 初婚側の招待客を多めにし、再婚側の招待客を少なめにするというアイデアも。

- 「披露宴」ではなく、海外挙式やリゾート挙式で身内だけの結婚式を挙げるのも一案。新婦もウェディングドレス姿を新郎や親に見せることができます。

招待客をどうするか？

- **会社の同僚や上司などビジネス関係の人**
前回の披露宴に招待しているかどうかよりも、「新しいスタートに必要な方に立ち会っていただく」という視点で。招待しない場合は、結婚の報告の際に「ごく身内だけですませることにしたので」と一言添えて。

- **友人関係**
立ち会ってほしい人を招待します。親しい友人であれば、「2度も来てもらうことになって申し訳ありません。今度こそはしっかりとした家庭を築こうと思っています」というような言葉を添えても。不参加の返事が来た場合でも、結婚報告のハガキは送るのがマナー。

- **親戚関係**
親と相談して決定します。

披露宴で再婚を報告するか？

再婚だということは事前に伝えているので、披露宴では再婚の報告をしなくても問題はありません。

報告したい場合、おめでたい席なので、

以前は私の力が至りませんでした。まだまだ未熟ではありますが、ふたりで幸せな家庭を築きたいと思います

くらいにやんわりと。前の結婚相手の悪口を言うことはNGです。

結婚の報告をどうするか？

パーティや披露宴に呼ばなかった人にも、かならず結婚報告のハガキを送ります。できるだけ直筆でメッセージを書くと好印象です。

Just Married
まだまだ未熟なふたりですが、力を合わせてがんばります。
これからもよろしくお願いいたします。

披露宴後のおつきあいについて

結婚式、披露宴の出席者は、おつきあいの深い大切な人。独身時代は時節のあいさつなどを省略していた場合でも、結婚後はきちんと礼儀を尽くします。

お中元、お歳暮

仲人、主賓や、親、近しい親戚に贈る場合もあります。金額の目安はそれぞれ5千円前後。3年くらいは贈り物で感謝の気持ちを伝えたいもの。

年賀状

出席者全員に。少なくとも3年は続けて。その後はつきあい方の変化に応じて、ふたりで判断。喪中になってしまった場合は、前年に年賀状を出した相手に、喪中欠礼のハガキを出すのを忘れずに。

暑中見舞い

つきあいに応じて。もともと暑中見舞いを送りあう習慣がない場合は省略してもOK。親族の場合は、相手の慣習に合わせて。

お年始、お盆

基本的にはお互いの実家と、その時期に会う機会のある親戚のみでOK。3千円～5千円くらいの物品。お中元、お歳暮と時期が近いので、どちらか一方だけでも。親戚に贈る場合は、実家の親にも相談を。

誕生日祝い、父の日、母の日

お互いの親に。兄弟姉妹がいる場合は、プレゼントの頻度や金額があまりにも違い過ぎないように気をつけて。自分の親には自分で誕生日祝いの準備する心づかいを忘れずに。

結婚祝い、出産祝い

結婚式、披露宴の出席者にお祝いごとがあった場合は、"お返し"の意味も含めてお祝いを贈ります。結婚祝いはふたりで出席するなら5万円、出産祝いは知人で1万円程度が目安。

第4章

結婚式、披露宴が終わったら

お礼のあいさつ、お礼状

An Acknowledgment and a Thank-you Letter

披露宴が終わったら、お世話になった人にお礼のあいさつをしたり、お礼状を書いて感謝の気持ちを伝えます。出席してくれた人には、結婚報告のハガキを送る際に一言添えて。

親、主賓・仲人に

翌日、翌々日までに、まずはお礼の電話を。

※できれば、受付などの係をお願いした友だちにもお礼の電話をします。

主賓

挙式後1週間までを目安にお礼状を送付。あまり早くに出すのは、事前に準備していたような印象になるので避けます。新婚旅行にすぐに行く場合は、旅行先からお礼状を出しても。主賓が会社の上司であれば、書面でのお礼の必要はありません。仕事復帰日に上司の席に直接出向いてお礼を述べます。

仲人

挙式後1か月後くらいを目安に、謝礼を持ってふたりで自宅に伺います。披露宴の当日に謝礼を渡した場合は、お礼状とお菓子などを持参します。遠方で直接行かれない場合は、お礼状を添えて早めに発送します。

お礼状は旅先から出してもいいんだって

お礼状文面例（主賓へ）

拝啓　陽春の候、皆様ますますご清栄のこととお慶び申し上げます。

先日は、御多用中にも関わらず、私どもの結婚式にご臨席を賜り、お祝いを頂戴いたしましたことを心より御礼申し上げます。

小川様の「結婚には〝3つのアイ〟が必要だ」との温かくも厳しいお言葉をいただき、これからふたり、夫婦として歩んでいくことの喜びと責任を改めて感じた次第です。

本来であれば、さっそくおうかがいしてお礼を申し上げるべきところですが、慣れない新生活に戸惑っているところもあり、まずは書面にて失礼いたします。

どうか今後ともご指導くださいますよう、よろしくお願い申し上げます。

本日は取り急ぎ、御礼まで。

敬具

いただいた祝辞などの話を引用すると、よりていねいな印象になります。

これ、おみやげ。おばあちゃん似合うと思って
エッ!?

とくにお世話になった親戚

ご祝儀を多くいただくなど、とくにお世話になった親戚には、お礼のあいさつに行きます。できればふたり揃って、新婚旅行の手みやげや披露宴の集合写真なども持参します。

結婚報告のハガキ

結婚後、2か月以内を目安に報告のハガキを送ります。暑中見舞い、年賀状の季節が近い場合は、一緒にしてしまってもよいでしょう。
その場合の見出しは「暑中お見舞い申し上げます」「謹賀新年」などにします。

披露宴の写真を利用するのが一般的。

JUST MARRIED
私たち、結婚しました！
○月○日、ふたりで新しい生活をスタートさせました。
未熟者のふたりですのでこれからもご指導ご鞭撻のほど、よろしくお願い申し上げます。
先日はお忙しいところ、結婚式にお越しいただき、ありがとうございました。
新居に遊びに来てね！
住所が変わりました
〒000-000　東京都○区○○1-2-3
川本　裕太・佳代（旧姓　桜木）

余白部分には手書きでメッセージを。

住所などが変わった場合付記する。
姓が変わった方は、旧姓も一緒に書いておく。

結婚式、披露宴に出席してくれた人には

おれの言葉を一言添えて、感謝の気持ちを伝えます。

出席できなかった人からお祝いをいただいた場合

結婚式、披露宴には出席できなかった、または招待できなかった場合は、結婚式から1か月以内にお礼状と内祝いを送ります。品物ののしは結びきりで「内祝い」といれ、下に両家の名前を書きます。結婚式のスナップ写真などがあれば、一緒に同封を。


拝啓　仲秋の候　皆様ますますご健勝のこととお慶び申し上げます。

このたびは、私、裕太と佳代の結婚に際し、身に余るお祝いをいただき、本当にありがとうございました。

おかげさまで、○月○日に結婚式を無事にすませ、ふたりで新しい生活を始めることとなりました。

頂戴したお祝いでさっそくふたりで食器を買いに行きました。ふたりで自分たちのものを少しずつ揃えていく、そんな楽しみを覚え始めた今日この頃です。

ささやかではございますが、私たちからの感謝の気持ちをこめて、お礼の印に心ばかりの品をお送りさせていただきます。

まだまだ未熟者のふたりですので、今後ともご指導ご鞭撻のほど、よろしくお願い申し上げます。

敬具

お金をいただいだ場合は使いみちを、物品をいただいた場合は感想を入れるとていねいな印象になります。

日頃からお世話になっていて、今後もおつきあいのある相手なら、ふたりであいさつに行きましょう。その場合には、「近いうちに○子とともに、新婚旅行のお土産を持っておうかがいさせていただければと思っております」のように書き、お礼状のみ贈ります。

新婚旅行について

About a Honeymoon

いつ頃？

結婚式の後、または少し時間を置いてから。会社によっては結婚休暇が入籍前後にしか取れない場合もあるので、事前に確認をしておきます。結婚式翌日の出発は、体力的にかなりハードなので、できれば1日程度おいてからの方が○。新婚生活が落ちついてから、というカップルもいます。

さすがに結婚式翌日の出発は疲れるね…

ぐー
zzz

長期休暇を取る場合

仕事に支障をきたさない時期を選びます。海外への新婚旅行などは、長期間職場を離れることになるので、必ず申しこみ前に上司や同僚に時期と期間を相談すること。ふたりの都合が合わない場合は、年末年始やGW、お盆などの休みを利用するのも手。

業務の引き継ぎについて

自分が休んでいる間、仕事を代わってくれる同僚には、細かく引き継ぎをします。案件ごとにファイルをまとめたり、パソコンのフォルダ整頓するなど、誰が見ても一目でわかるようにしておきます。また、取引先にも休暇を取る旨と引き継ぎ担当者を連絡することを忘れないこと。

これ資料です。よろしくお願いします
リカのやつ～ここぞとばかりに仕事おいてったな～

パスポートの名前

戸籍上の名前とパスポートの名前が違ってしまうと、旅券法という法律違反になります。パスポートの姓の訂正には10日前後かかるので、新姓で海外旅行をしたい場合は早めに入籍を。披露宴当日に入籍したい場合は、旅行時期を遅らせるか、旧姓での旅行を検討した方が安全。

※航空券とパスポートの名字が違うと、飛行機に乗れないので注意。旅行申し込み時には、パスポートの名前をどうするか決めておきましょう。

クレジットカード

旧姓のまま使ってもOK。ただし、店によってはクレジットカード使用時にIDとしてパスポートを求められる場合があるので、できるだけパスポートの名前とクレジットカードの名義が一緒になるように。

おみやげについて

会社の部署全体には、みんなで食べられるお菓子などが無難。業務をフォローしてくれたチームの上司や同僚には、個別におみやげを用意して「休みの間は、ご迷惑をおかけしました。おかげさまで、ゆっくり楽しめました。どうもありがとうございます」という感謝の言葉とともに渡します。

いろいろありがとうございました
おみやげです
ありがとう
りかちゃん、焼けたね…

ウエディング予算検討

結婚には、なにかと出費がつきもの。ある程度の予算をつかんでしっかりマネープランをたてて。
※金額はだいたいの目安。

結婚っていくらぐらいかかるんだろう…
僕たちの場合はこのくらいだと思うよ

婚約まで

● 親へのあいさつの手土産

相手の家にあいさつに行くときの手土産はうかがう側が準備して。

予算 **3,000円～**

● 両家の顔合わせ／結納

両家の顔合わせの食事会や結納の席の飲食代は両家頭割りが多い。遠方から来る場合は、招くほうで全額持つ場合も。

予算 **10万円～**

● 婚約記念品

予算 **30万円～**

給料の3ヵ月分程度を用意する人もいますが、最近は婚約記念品を抑え目にして、その分旅行などに予算を当てるカップルが増えているよう。女性は男性と同額または7割くらいの予算が一般的。

● 結納金

予算 **80万円～**

（半返しを省略する場合 **40万円～**）

結納金は基本的に男性が用意する。女性側はその半額を半返しとして贈り、残りを新生活の準備金とすることが多い。最初から結納金を半額にして、半返しを省くという方法もある。

結婚式、披露宴の準備

結婚式、披露宴にかかる両家（新郎新婦）の費用の分担については、

1 人数比で頭割りにするケース

2 人数に関係なく、おおまかに5対5、6対4と決めるケース

3 衣裳、メイクなどは各自で負担し、あとは1または2の方法で分けるという3つの方法が一般的。

●会場の予約金

予算 **5万円～30万円**

会場の予約金は最後の精算時に内金として処理される。キャンセルした場合は全額キャンセル料に当てられることがほとんど。

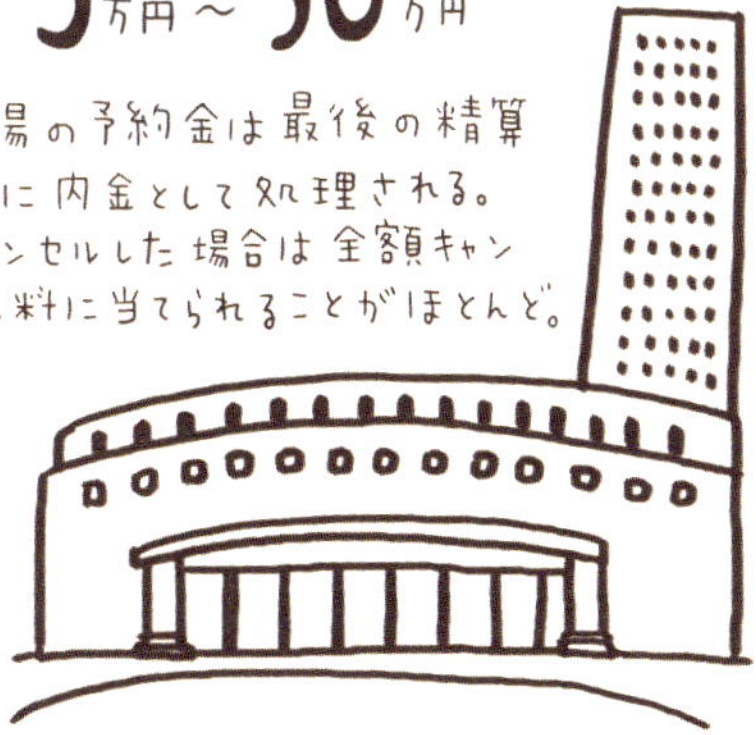

●会場使用料

予算 **無料～50万円**

使用料は会場によりさまざま。一軒家を貸し切るゲストハウスは高額になりやすい。レストランの場合も貸し切り料という名目で使用料が発生することも。

●挙式料

予算 **10万円～**

キリスト教式、神前式、プロに進行を頼む人前式の場合など。披露宴中に人前式を行う場合は料金が発生しない会場もある。

●引き出物、引き菓子

予算 **4,000円～8,000円**

多く選ばれるのは食器。カタログギフトも一般的。招待客の顔ぶれに合わせ、数種類用意することも。

●料理

料理 **10,000円～／1人**

ドリンク **4,500円～／1人**

（ドリンク代は宴中ドリンク、ウェルカムドリンク、乾杯用ドリンク）

●司会

予算 5万円～

プロに依頼した場合。
男性/女性や年代などの
リクエストを受け付けて
くれる会場も多い。
自分で手配する場合は、
司会の派遣会社やブラ
イダルプロデュース会社に
相談を。破格に安い
業者には、十分な経験
のない司会者もいる
ので注意。

●テーブル装花

予算 5,000円～/1卓
5万円～/メイン

テーブル装花は披露宴の
パックプランとセットになる
ことも多い。レストランや
ゲストハウスではイメージに
合うオリジナルの花を飾れ
る場合も。

●衣裳

予算
〈女性〉20万円～/1着
〈男性〉7万円～/1着

〈各自で〉
ドレスのレンタル代金は1セット
20万円くらいから。デザイナーズ
ものやオーダーメイドにすると
3～4倍になることも。男性は
女性に比べると比較的割安。

●アテンド（介添え）

予算 2万円～

結婚式、披露宴中の
新婦のお世話役。

●記念写真

予算 6万円～

スタジオで撮影する記念写真。
サイズは四ツ切りか六ツ切りで
台紙に貼られている。焼き増し
の場合は、1枚5,000円程度必要
となる。

●ヘアメイク、着付け

予算 5万円～

ヘアメイクや着付け代金
は総じて「美粧」と
呼ばれる。お色直しの
回数が多いほど、
費用がかかる。
和装の場合は、別途
着付け分がかかる。
（約3万円～）

スナップ写真

予算 10万円～

プロに依頼した場合。
結婚式、披露宴中に撮影する
スナップ写真。
最近人気のアルバムタイプはネガつき
300枚で13万円程度～。
デジタルカメラで撮影する業者もある。

●知人への謝礼

予算 **3,000**円～／1人

受付や2次会の幹事などを知人に依頼した際には謝礼金を渡します。司会者、カメラマンなど、着席できない人からのご祝儀は辞退して。

- 受付係、会計係…**3,000**円
- 司会者…**1**万円～**3**万円
- カメラマン…**1**万円～**1**万**5,000**円（実費別）
- 余興…**プチギフト**
- 2次会の幹事…**3,000**円～**5,000**円
  （または後日食事に招待したり記念品を渡すことも）

※謝礼や心付けを渡すには寿用のポチ袋を用いるとスマート。多額を包むわけではないので、大げさな袋にしないように。

●心付け

予算 **3,000**円～／1人

披露宴当日、お世話になったスタッフへ、料金とは別に渡すもの（最近は受け取らない会場もあるので事前に確認をします）。メイク、アテンド（介添え）、司会、カメラマン、キャプテン（サービススタッフを統括する人）など。

心付け、謝礼について

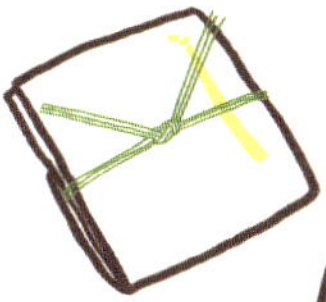

上に寿や御礼と書く
下には両家の名前を

●仲人御礼

予算 **10**万円～

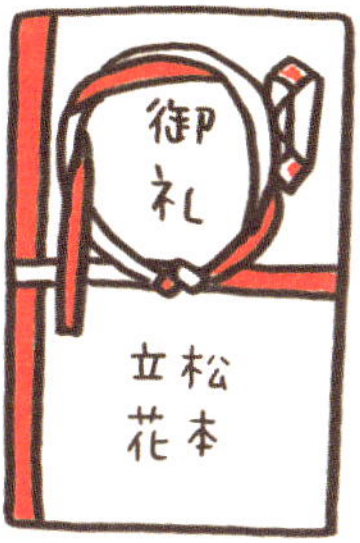

仲人を依頼した場合のお礼金。遠方の場合は当日、後日お礼にうかがう場合は、そのときに渡します。

●お車代

予算 **5,000**円～

主賓や仲人がいる場合には、お車代として交通費を渡します。

『挙式、披露宴会場』

チェックシート

会場を決めるときには、必ず見学をして自分たちのプランに合っているかどうかを確認。とくに、ゲストが心地よく過ごせるかどうかは厳しい目でチェック。

会場全体

チェックする内容	感想
交通の便がよい場所か	
駐車場が利用できるか	
他の挙式カップルと当日鉢合わせしないか	

挙式会場

チェックする内容	感想
全体の雰囲気がイメージに合っているか	
列席者のスペースは招待客に対して十分か	
フラワーシャワーなど、自分のしたい演出はできるか	

披露宴会場

チェックする内容	感想
空間がイメージに合っているか	
招待客の予定人数に対して十分な余裕があるか	
清潔感など、メンテナンスはきちんとされているか	
サービススタッフはしっかりとしているか	
予定している演出ができる設備があるか	

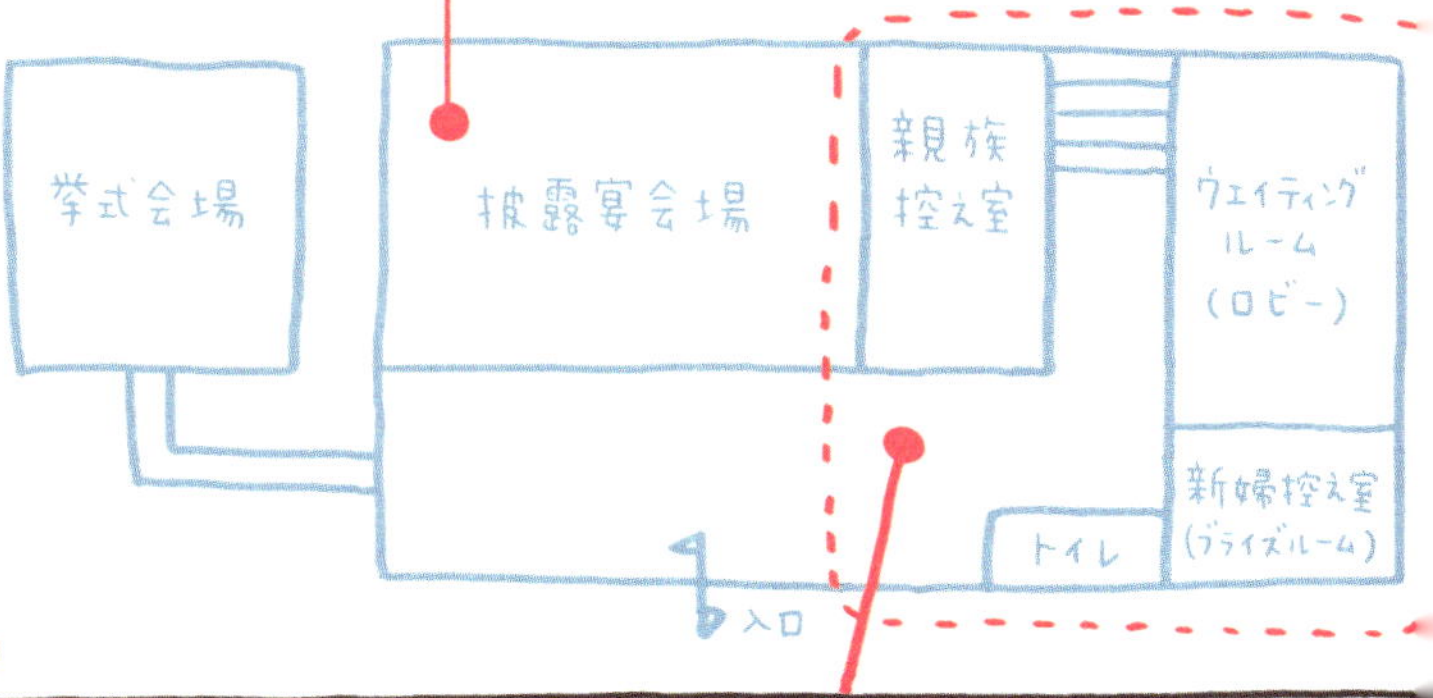

その他

	チェックする内容	感想
ウェイティングルーム（ロビー）	早く到着した招待客が待てるスペースがあるか	
親族控え室	椅子の数や広さは十分か	
新婦控え室（ブライズルーム）	個室でくつろげる空間になっているか	
トイレ	数があり、手入れや掃除が行き届いているか	

幸せな結婚生活を送るために

どんなに機嫌が悪くても、けんかしていても「おはよう」「おかえり」「ただいま」のあいさつは欠かさないこと。そのあいさつが仲直りのきっかけにも、仲違いの防波堤にもなります。
ただいまっ
おかえりっ ずいぶん遅いのね
今日からこれが我が家の家訓よっ
幸せな結婚生活を送るための六か条！
一、あいさつと感謝の心を欠かさない
二、けんかはその日のうちに終わらせる
けんかや意見の食い違いはその日のうちに解消し、翌日には持ち越さないこと。イライラ気分で翌日を向かえると、夫婦関係だけでなく仕事や友だちとのつきあいにも悪い影響が。ふたりのけんかに親をまきこむのは両家の争いなどの大事に発展することもあるのでご法度。
りかちゃーん まだ話、終ってないよ〜
zzz
眠いからあした

三、自分の生活ペースを守りすぎない

育った環境が違うふたりが一緒に暮らすのだから、トラブルがあって当たり前。自分のペースを守ることだけではなくて、「ふたりの生活」を作ることを心がけて。

四、「やってあげたこと」を数えない

「毎日炊事洗濯やってあげているのは私」「俺が稼いでやってるんだ」と自分の「やってあげた」ことを数えていると不満はたまりやすいもの。むしろ相手にやってもらっていることを意識したほうが気持ちにゆとりができます。感謝の気持ちは言葉で伝えるように。

やってあげたこと数えたら両手両足じゃ、足りないわ

五、自分の親には、自分が対応

子どもたちの新生活に、互いの親は何かと口をはさみがち。「うるさいな」と放置せずに、かならず自分で対応を。とくに男性は嫁姑関係をよくしたかったら、実家からの干渉はすべて自分で対応、自分が悪者になるくらいの気遣いを。

六、小さな記念日も大切にする

お互いの誕生日と結婚記念日は、できるだけ予定を空けてふたりでお祝いを。仕事などでどうしても当日が難しい場合は、事前にフォローを。「はじめてふたりで旅行した」など小さな記念日も大切にしたいもの。

もう結婚3周年だね
毎年一緒にお祝いしようね

監修◎樋口眞理（ひぐちまり）

外資系銀行・建築企画会社を経て1988年よりブライダルに携わる。ウェディングプロデュース界の草分け「オリーブの丘」代表。新郎新婦の美しい立居振る舞いのレッスンや、ウェディングプランナー養成講座、起業を目指す女性のためのセミナー等も開催。著書に『これ1冊で結納と結婚のしきたりがわかる本』（日本文芸社）。

オリーブの丘（http://www.olive-hill.com）

絵◎伊藤美樹（いとうみき）

神奈川県生まれ、東京都在住。血液型はO型。ふいに思いたって、2001年よりフリーのイラストレーターとして活動開始。好きなことは、モノを創ること、食べること、飲むこと、笑うこと、散歩、そして絵を描くこと。著書に『食べ方のマナーとコツ』『贈り方のマナーとコツ』『話し方のマナーとコツ』『お仕事のマナーとコツ』『しぐさのマナーとコツ』（いずれも学研）、『おうち歳時記』（成美堂出版）。

（http://homepage2.nifty.com/miki_campus/）

暮らしの絵本 ウェディングのマナーとコツ

二〇〇六年九月二一日 初版発行

発行人 太丸伸章

編集人 金谷敏博

編集長 千代延勝利

編集担当 目黒哲也

発行所 株式会社 学習研究社

〒一四五—八五〇二 東京都大田区上池台四—四〇—五

データ製作 株式会社 ディーキューブ

印刷所 日本写真印刷株式会社

お客様へ

●ご購入、ご注文は、お近くの書店へお願いします。

●この本についてのご質問は次のところへお願いします。

・編集内容に関しては、電話：〇三—三七二六—八三一三（編集部直通）

・在庫、不良品に関しては、電話：〇三—三七二六—八一八八（出版営業部）

・アンケートハガキの個人情報に関しては、電話：〇三—三七二六—八五三四（学校・社会教育出版事業部）

・そのほかのこの本に関しては

学研お客様センター「暮らしの絵本 ウェディングのマナーとコツ」係

文書は、〒一四六—八五〇二 東京都大田区仲池上一—一七—一五

電話は、〇三—三七二六—八一二四へお願いいたします。